JN014218

社会に出る
一歩手前で読む本

社会に出たら、
最初に読む本

米多比　庸右
Metabi Youu

木星舎

はじめに

　小中高校までの教師や教育者は、学校行政者的なところが多いようです。すなわち教師は、各学年のカリキュラムに従って他と足並をそろえた教科を生徒に伝える役目をする人になっています。教育者は本来、生徒の人格形成まで踏み込んだ教育をする人でなくてはならないはずです。しかし、残念ながら高校までの教育では、そういう講義はなされていないのが現状です。

　確かに小中学校では道徳のための時間（教科書『私たちの道徳』）は設けられていますが、それは社会人として守るべき項目が並べられているだけで、あまりに抽象的で実践につながっていません。それどころか、個人と社会との関連さえも説明されていません。ましてや大学においては、まったくの本人まかせの状態なのです。

　人格の形成というものは道徳に関するものばかりでなく、学問や芸術をはじめとして人生をいかに生きるべきかという内容まで踏み込み、それを聴いた学生・生徒がそれを実践しているかを見守り、必要に応じて指導をする場が本来の学校です。しかし現実には、教師・教授は教えるべき科目と守るべき項目を伝えることに追われ学生の人格形成まで手が回らないというか、まわせない状態で何の対応策も講じられていません。サラリーマンと化した教育者は現状に慣れきってしまい、真の教育をする糸口さえつかもうとせずに安穏としているように見えます。

　従って生徒は自分で自分を教育するしかないのですが、一人ではなかなかその方法が見つけられません。その結果、そのまま社会に出て、行き当たりばったりのケーススタディで一から人格形成する

ことになります。結果、社会人としての基本的な考え方が分からないがために悩み、苦しむことになります。

　学校で教わらなかった人格形成教育をするのが、この書の目的です。もちろん、人格形成というのはそう簡単に出来るものではありません。どれほどこちらから投げかけをしても、教育を受ける側に「よし、聞いてみよう、やってみよう」という意識がなければそれはただの時間つぶしに終わってしまうでしょう。

　現代は多様化の時代と言われます。学歴や職種や地位が全てではなく、これらは人間を評価する基準にはならないことは言うまでもありません。社会で求められるのはまず、その人の人格であり、礼節であり、教養の高さです。

　私は航空会社に 35 年間勤め、主にキャビンアテンダントとして国際線、国内線に乗務し、その中で世界の様々な文化や人との出会いがありました。国際線の飛行時間はとくに長く、お客様の話をゆっくり聞かせていただく機会が度々ありました。大手企業の会長、社長、経営者、文筆家、芸術家、芸能人といった方々の話にはレベルの高い人生哲学のエッセンスが沢山ありました。私はその内容をメモするために一冊のノートを作っていました。このノートには機長や先輩、他の客室乗務員の貴重な経験談も書き込み、次のフライト業務に活かす作業をくり返し実行してきました。

　本書には達人が語るエッセンスが盛り込まれています。また、実務においても、これから社会に出ていく皆さんがすぐ使える実践的な内容となっています。役立てていただければ幸いです。

米多比　庸右

目　次

Chapter 4 **実社会に踏み出して　—知識とマナー**

Chapter 5　実社会に踏み出して2　—サービスとは

Chapter 6　夢と幸せをつかむ

Chapter 7　**社会人の本棚**

Chapter 8　**人生を豊かにする 13 のヒント**

Chapter **1**

社会に踏み出す
その一歩手前で

コミュニケーション

1．コミュニケーションは挨拶から

挨…相手の心を開く　　　あ…愛情を持って、明るく

拶…相手の心にせまる　　い…いつまでも、常に

　　　　　　　　　　　さ…（自分から）先に　＊**特に大切**

　　　　　　　　　　　つ…続けて

POINT >

①**先手必勝**・・相手に期待するのではなく、まず自分から挨拶する

②**相手の目を見て**・・心を伝えるのは「目」である

③**大きな声で、はっきりと**・・頭を下げるときは早くても、上げる
　ときはゆっくり

基本は軽く { 伸ばす / 上げる } ➡ 親しみやすさ {

悪い例
＊挨拶以外の語尾を伸ばす
×〜じゃないですかー
×〜でー
×だからー

④**にこやかに、元気に**

⑤**最も丁寧な挨拶は頭下げから元にもどるまで４つ数えて**

相手の目を
見る

・目線はつま先に
・４つ数えながら元の体勢に

> **日常の挨拶＋けじめの挨拶**
>
> ・ありがとうございます　　・すみません
>
> ・はい、わかりました　　　・すみません、以後気をつけます
>
> ・失礼します

2．The FIRST impression is the LAST impression.

▷ 第一印象は永遠に続く

・「出会いの６秒」

最初の３秒…情報をキャッチ ≫ 次の３秒…印象を判断

情 報
↓
判 断
↓
印 象

・印象が人に与える影響度（メラビアンの法則）

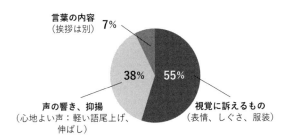

言葉の内容（挨拶は別）**7%**

38%　声の響き、抑揚
（心地よい声：軽い語尾上げ、伸ばし）

55%　視覚に訴えるもの
（表情、しぐさ、服装）

▷ 組織の基本となるコミュニケーション

　人という文字を分解すると片方の「丿」がもう一方の「乀」に支えられているようであり、支えているようでもあります。これは、人間が社会性を持つ生きものだということをうまく表していると思います。

人は自分一人では何にもできません。一人でできたと考えるなら、それは人の世界が分かってない、甘いと言われても仕方ありません。人とは何かということを考えるときに、コミュニケーションがいかに大切かということを忘れてはならないのです。

　もちろんコミュニケーションは会社においても仕事を円滑に進める大事な要素となります。

３．チームワーク

▷ 企業はチームワークなり

　仕事が出来る人が組織に向いているかというと、一概にそうとも言えません。いくら仕事ができても、他者を自分の能力ではかり、自分の感情で判断するようでは、自己中心的な人だと判断されてしまいます。「企業はチームワークなり」と言われる昨今、そのような姿勢では、チーム力のない人だと見なされ、どこの会社でもボイコットされてしまうでしょう。

▷ チームワークの力

　チームワークには上下関係だけでなく、横同士のコミュニケーションが不可欠です。これがしっかりしていないと、チーム内に憶測や不安、疑惑などが生まれてしまいます（友だち同士や家庭内でも同じです）。

　逆にコミュニケーションがしっかり取れると、連帯感が生まれ、社員に積極性が芽生えます。そうなれば、社員が自主的に成長することも望めるでしょう。これを私の座右の書『心に革命を起こせ

－人生・経営名言集』（田辺昇一、ダイヤモンド社、1969）では、「コミュニケーションは意欲という血を運ぶ動脈である」と表現されています。つまり、コミュニケーションという動脈が末端である毛細血管まで血液を届けると、やる気が起こり、協力関係が生まれ、ダイナミックなチーム力を発揮することができるというわけです。

　協力体制が整っていれば、一人と一人との協力が、二人分ではなく、その何倍もの力を発揮することができるのです。飛躍する会社は、コミュニケーションの徹底と再教育がなされているものです。

　私はよく「ものを考えるときは一人でじっくり考えなさい」と言いますが、一方で積極的にコミュニケーションをとることも忘れてはなりません。

▶ チームワークを作りあげるコツ

　どんな職種でも職場でも、職務はコミュニケーションをもとにしたチームワークで遂行されます。

　　＊職場の基本、「**ほうれんそう（報告・連絡・相談）**」の徹底

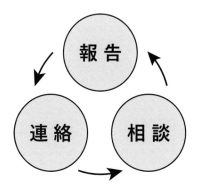

＊仕事の基本は下記の３つ

①「緊張感の持続」

　　メリハリ（仕事中の適度な休憩も必要）のついた緊張感を持つことで、持続させる

②「完璧への挑戦」

　　最善の努力を重ね、チャレンジすることで完璧に近づく

③「健全な不満（提案）」

　　日頃から自分が「こうしたほうがいい」と思うことを皆で共有するため、明文化して提言する

＊「仕事（勉強）を趣味と考えよ」

　　この思考が身につけば楽しくなる。「その仕事（学校）を選んだ原点に戻れ」を忘れない

> **POINT**
>
> 　協調性が大切だということを念頭に、チームのために自分はどんな努力をすればいいかを考え行動するためには、自分のいる位置や能力を分析する必要があります。「やらされている」と思わず、苦労があっても楽しいと思いこみ、難しい仕事に対して「自分の出番だ」と思う思考習慣を身につけることが大切です。

在籍年数と知識量は違う

勤続年数 ≠ 経験年数

▷ 年功序列評価から実績評価へ

　最近ではほとんどの会社で年功序列評価（勤続年数が長ければ自動的に一定の評価を受ける）を廃止し、実績評価を採用しています。年俸もそれによって決められます。

　これまでは、長くその仕事に就いていれば経験値も上がり困難な問題の処理の能力も高くなるだろうという考え方でしたが、実際には勤続年数と経験年数が一致していないことが多く、同じ企業（学校）の中で同じような経験（授業）を積んだはずなのに、能力（成績）に差があるということが明らかになってきました。これが実績評価が採用される要因となっています。

▷ 積極的な意思が能力の差を生む

　本人が自分の能力を伸ばそうという積極的な意思をもって仕事（勉強）に取り組むかどうかによって、その差は出てきます。経験（授業を受ける）は誰でもしますが、その経験（授業）を身につける作業（勉強）をすることによって、はじめて勤続年数（在籍年数）と経験年数（学力）が同じになるのです。

▷ 勤続年数（在籍年数）＝ 経験年数（学力レベル）とする具体例

１．メモをとる

　経験を身につける作業として最も有効なのがメモであり、それが

きちんと整理されていることです。これによって将来、同じような処理が困難な事例が発生したときに整理されたメモをひっぱり出して参考にし、その解決に役立てることができます。そこではじめて経験が活かされることになるのです。

メモがなければあやふやな記憶をたどらざるを得ず「たしかこうだったよな……」といったことになり、せっかくの経験が逆に新たな問題を引き起こしてしまいます。

２．メモを読み返す

さらにメモを読み返すことにより、正確な記憶を問題解決に結びつけることが重要です。なぜなら時間のないときにその都度メモをめくって調べることは出来ないからです。問題解決には、時間短縮、タイミングの良い対応が求められます。

３．意欲をもって行動する（モチベーションを上げる）

「なんでも見てやろう」、「なんでもつかもう」という強烈な意欲を意識的にもって行動することで知識が増え、判断力も強化されていきます。

４．自分を公正な目で見つめて、反省する

自分の行動を、少し離れたところからみつめることで、冷静に判断することができるようになります。

> **POINT**
>
> **＊ふだんからの反省を活かし、それを実行しているか否か**
>
> 少し前までは人材育成や人材開発が叫ばれ、そのための時間と経費をさいていましたが、現在はその余裕がなくなり、本人まかせになっている会社が多いようです。そういう状況だからこそ、「勤続年数＝経験年数にするための４点」を守り、実行することにより大いに実力を発揮できるようになります。結果、高い評価を受けることにつながってきます。

教養について

▷ 教養はつまみ食いするものではない

簡単にいうと、自己が自己を研磨することが教養です。往々にして教養とは、専門外の学問書を読んだり、資格を取ったり、美術品を鑑賞したり、音楽を聴いたり、あれこれとつまみ食いすることと考えがちですが、そうではありません。

▷ 自分自身で考える

人は、少年少女の頃までは大人が作った枠や社会の決まりごとに従って教育され、それに無条件に従うよう教えられます。青年になって自分の過去をふりかえり、果たして枠に従うだけでよかったのか、自分の進もうとしている道はこれでよいのかと考えるようになります。そこでしっかり考えないでそのまま社会に出てしまうと、人生の雑務が先に立ち、転機はなかなか訪れません。

▷ 学生という時間を有効に使う

今、なぜじっくりとこのことについて考えなければならないかと言えば、学生という立場の時間的余裕がそれを可能にするからです。立ち止まって考えることなく、まわりの環境や境遇だけに従っていると、自己を高めるということを忘れてしまいます。

▷ 自己を高めるために

自己を高める作業には3段階あります。

〈自己を高める作業〉

（自分が直面している問題について）

第1　過去の自分やまわりからの意見を肯定してみる

第2　過去の自分やまわりからの意見を全面的に否定してみる

第3　その上で自分が思っている方針と突き合わせて考え、結論を自分で出す（他人には相談しない）

　ここではじめて枠から脱して、青年としての自立がなされます。すなわち、自己を認識するようになるのです。これらのくり返しで人格が高められていき、教養が身についてきます。

▷ 実践的理性判断

　その過程では正しい知識や道徳性が必要とされます。そのため、先人の知識を吸収したり、書物を読む必要があります。難しい言葉でいうと「実践的理性判断力」ということになります。それらは与えられた天分や能力によって決まるのではなく、「実践的理性判断」が出来るように努力する意欲によって決まるのです。

POINT

　意欲をもてないということは、自分の能力を放棄し、自分にはそんなことできないと決めつけ、無教養な大人になることを意味します。青年は諦めることだけはしてはいけません。とにかくトライする習慣をつけることにより教養が身についてくるものです。

読むこと ➡ 考えること ➡ （考えたことを）書くこと ➡ 語ること

によって教養は、はじめて身につくのです。

「自己を高める作業の〈第3〉」について具体的には、直面している問題を解決するにあたって正しい判断をするために、それに適した本や格言や先人のことばを参考にして最終結論を出す、その作業の過程で考える習慣を身につけること（＝教養）と言えます。

〈作業とは〉

①解決のために自分の頭に浮かんだアイディアを、箇条書きで
　いくつも書き出してみる

②その中から優先度の低いものを消去してしぼり込んだ項目に
　ついて1つ1つじっくり考え決断をする

　本や資料を読んだり、人の話を聞いても、自分でそれについて考えなければ、漠然とした印象が残るだけです。考えることは、読んだり聞いたりしたことを系統づけ、組織化することになります（整理した形で身につく）。そこではじめて吸収し、身についたと言えます。考える作業をしないで放置しておくと、短時間で忘れてしまうものです。

▷ **学んだことを経験し、考える**

　その道のプロと言われる人がよく口にする「いくら本を読んでも学問をしても、経験を積まなければ何にもならない」という言葉はこれと同じことを意味します。学んだことを実際に経験することにより、真剣に考えることになるからです。逆に、ただ経験を重ねたとしても、考えることをしなければ何の役にも立ちません。考えることによって経験がその人を成長させるのです。

▶ 考える環境を整える

考えるためには、周囲の接触から離れること。例えば、静かな公園で一人ベンチに座って考えるも良し、教会のベンチや図書館の椅子に座って考えるも良しです。趣味の絵画や撮影などに没頭しているときやタバコを吸っているときなどに集中できるという人もいますが、いずれにしても一人になることが大切です。

> **POINT**
>
> 普段から考えることで
> ・**自分に対面することになる**
> ・**考える習慣が身につく　→短時間で正しい判断ができる**

プロジェクトのリーダーやクラブ活動のキャプテンなどには、こうした思考の訓練は有効、必須といえます。

▶ 考えたことを活かす方法

①書いてみる

要点を箇条書きにしてみる **≫** さらに不要な部分を削る（整理）

日記帳を作っても良い。書くことにより、自分で書いた内容に固執する危険性があるので、注意が必要。

②語ってみる／話してみる

他者に向けて語るためには、内容を整理された形で記憶する必要があり、さらに深く考えることになる。

・**相手が少人数の場合＝面接の場もしかり**

語ると同時に聞くことを求められ、場合によっては反論にあい、否定されることもある。

○相手を否定する（論破する）には、自分の考えがまとまっていなければならない

○グループ討議が良い場所の一つ

○ものに動じない度胸と落ち着きが必要

・相手が多数の場合

○より深い考えが求められる

○より多くの意見に対する説得力が求められ、その話題に賛成であれ反対であれ関係なく、自分の基本的な意見をまとまったかたちで述べる必要がある

＊弁論には音声の美しさや抑揚が必要

「読むこと」について　読書のすすめ

▷ 若い頃にこそ本を読む

　若い頃は、いろいろなジャンルの本を読むことを勧めます。若い頃は吸収が早く、理解も柔軟だからです。大人になると読む本の傾向が決まってしまい、無理して読んでも長続きしません。

　若いときに読書の習慣（趣味）が身についていない人は、一生読書する気になれないようです。若いときの読書は、ときにその人の人生の方向を決めてしまうほど大きな意味を持つことがあります。

　「あまり読書しない人が本を読むとき、往々にしてはじめの 50 ページはなかなかピッタリこない」と言われることもあるように、いい本に出会うためにはここはちょっと我慢が必要。50 ページ読む前で諦めて本を閉じてしまうとそのくせがついてしまい、なかなかいい本に出会えません。

▷ 読書は「なる」ためのもの

　『生きて、語り伝える』は、ノーベル文学賞を受賞したコロンビアの作家ガルシア・マルケスの自伝で、676 ページという大作ですが、その中に「人の生涯とは、人が何を生きたかよりも、何を記憶しているか、どのように記憶して語るかである」という印象的な言葉があります。

　読書することで、人は偉くも賢くもなりません。読書は「する」ものではなく「なる」ためのものであり、「自己の問題」を探し求めながら読書することに意義があると考えます。

▷ 読むだけで終わらせない

　私の読書の方法は、本の中で感銘を受けたところを読み返したり、読みながら大切なところを短く書き出したりすること、そしてその後静かに思い返してみることで、より深くその内容が身につくように思います。

　「名著は生涯に幾度も読み返す」これは鉄則と考えます。そして、「座右の書」は、自分の生き方の指針を示し、それが「座右の銘」となるのだと思います。

▷ 読んでおきたい本のジャンル

1．歴史書

　いろいろな格言が出てきます。歴史は文化そのものでそこには政治も経済も入ってきますから、社会科学を勉強することができます。

2．古典

　一冊も読んだことがない人には、是非どれか選んで読むことを勧めます。長い年月にわたって読まれる古典には、それなりの意味がその中にあるからです。古典といっても、明治以降の書籍でも充分です。

3．外国語新聞

　次に勧めたいのは外国語新聞です。無理な場合は日英字新聞でもいいでしょう。

> オススメ 「Mainichi weekly NEWS」、「ASAHI EVENING NEWS」

４．コミック

　小説を読めないという人がいますが、コミックにも娯楽としての意義はあります。

> オススメ 『豊臣秀吉　異本太閤記』（山岡荘八、講談社、1977）
>
> 　７巻セットのコミックですが、「そういう考え方もあったのか」と思わされ、楽しめます。

　私の読書の方法ですが、いわゆる堅い本と柔い本を並行して読むと、あきずに続けられます。

▷ 目的を持って書籍を選ぶ（おすすめの分野）

第１の分野……自分を勇気づける本。自分を省み、改めさせ、意欲づける本。具体的には成功者、人格者の名言、伝記、回顧録等です。これは、常時身辺において５分でも10分でも良いから暇なときに読むようにします。

第２の分野……自分の研究したい分野の本。

第３の分野……直接実務（就職活動、社会人にとっては業務）に関係なくとも間接的、また、将来いつかは役に立つ実務教養といったものと、一般教養（古典又は文学）に関する本です。SPI（適性検査）に関する本も含みます。

　人生のうち10代後半と20代は模索の時代であり、冒険時代でもあります。この時期に基礎的な知識のマスターと幅広い教養を身につけておけば、30代または社会に出たときに実地で働く際や、方向を決める際にも役に立ちます。

▷ 養老孟司の『バカの壁』から考える

「ストア（貯蔵）が乏しければコンピューターは機能しない」

医学博士、東京大学名誉教授、エッセイストとして数々の受賞歴がある養老孟司さんのベストセラー『バカの壁』（新潮社、2003）の中に出てくる理論に、

$y = ax$

という一次方程式があり、それぞれの変数には下記が入ります。

x ＝**入力**（情報や知識・先輩の教え等）
y ＝**出力**（最終的な実績）
a ＝**係数**（あなた自身の働きかけ）

この式が適用される身近な例として、親の言うことを全然聞いていない子どものことが挙げられます。「部屋をかたづけなさい」「宿題をしなさい」だのといろいろと説教すると、そのときは子どもはこちらの言うことを聞いてうなずいているけれど、実際には全然聞いていません。だから次の日、同じようなことを繰り返すことになります。

これは親の入力 x を聞いていないし、聞こえていても「そうしよう」といった意識の働きかけないから $a = 0$ であり、y という出力は 0 のままとなります。この a がマイナスということになると、行動としては親の顔を見ると逃げたりするのです。

コンピューターはこの例の最たるもので、インプットした情報に

基づいて計算し、整理し、結果を出します。入れる情報量が乏しいと、せっかくのコンピューターも有効なデータを出せません。これは人間も同じです。吸収する情報量が乏しければ、判断の下しようのない事態に陥ってしまいます。

　この理論からすれば、人として必要な蓄積は３つあります。<u>エネルギー（熱意）</u>、<u>人脈（同僚、先輩、師匠、上司）</u>、<u>情報（知識）</u>の蓄積です。中でも特に今、必要なのは情報の蓄積です。具体的に言うならば、実地見学であり、専門家との交流です。

　学生の皆さんも社会人も上記の３つの蓄積を行うために日々の時間を使うべきです。

企業に認められる人材像

1. 伸びる、発展する会社の条件

・社員の意識の統一

　社長またはトップ（集団）の考え（方針）が社員の隅々までいきわたっており、実践されている（実施されている）ことが必要です。

・再教育の徹底がなされている

　再教育とは、社是、社訓、ポリシー、経営方針、ビジョン、上意下達[*1]、下意上達[*2]（改善提案[*3]）、相互確認[*4]を指します。

> **POINT**
>
> [*1] **上意下達**…社長の方針がヒラ社員の隅々にまで行き渡っていて実行されていることが会社発展の必要条件。
>
> [*2] **下意上達**…新人、ヒラ社員、ベテラン社員からの改善提案や発言がスムーズに社長、上層部に正確につながるシステムはできているか。特に役員会議等で横の部署とのつながりがしっかりできているかが求められる。
>
> [*3] **改善提案**…社員1人1人が問題意識を持ち、必要に応じて改善提案がされ、良いものは短期間で実行・改良に移すシステムができあがっている。トヨタ自動車発信の「KAIZEN」という言葉は外国の信頼ある百科事典にも載っており、日本の商品は、これらの改善提案が会社（企業）内で活かされていることで信頼を得ている。
>
> [*4] **相互確認**…どのような業種においても必須条件。具体的に、漏れを防ぐために「あれ済みましたか」「この話、知ってますか」と相互に確認することで安全、安心の一部が保れる。

2．社員に求められるもの

社員として意識すべきこと

○緊張感の持続

○完璧への挑戦

○付加価値を生む努力（提案）

1．グリッド理論の9·9型を求める

アメリカNASAの訓練にも使われている理論。理想型（9・9型）は、人と業績どちらにも最大限の関心を持つ理想型リーダーで、部下との間やメンバー相互でも信頼関係が生まれ、業績を上げるための戦略策定や支援を行います。

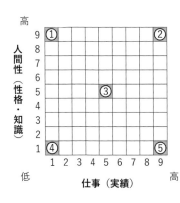

グリッド理論で見るリーダーのタイプ

①人付き合いはいいけれど、仕事はあまりできない（1・9型）

②人と業績どちらにも最大限の関心を持つ（9・9型）

③仕事も人付き合いも、ほどほどで妥協する（5・5型）

④人にも仕事にも無関心である（1・1型）

⑤仕事はできるけれど、周囲とよい関係が結べない（9・1型）

2．チームワークの元になる「コミュニケーション力」をまず見る

企業は「チームワーク」なり。今は「人」ではなく「チームワーク優先」です。コミュニケーション力を高めるためには、下記の図

のように日頃から「挨拶と感謝」を欠かさず、風通しの良い環境をつくることを心がけます。そして、「情報の共有」と「ほうれんそう（報告・連絡・相談）」を必ず行う必要があります。

▷ 3．個人には行動力と学習力が求められる

行動力：積極的に人の集まる場所に参加する姿勢
学習力：教えられたこと（経験）をしっかりと身につけ、それを使いこなし（次に活かし）、さらに向上させる力

> ▷ POINT
>
> ＊学習力を身につけるためには、就活日誌、知識日誌（人から学んだことなどを書き留める）をつけることが大切です。
>
> **「私には学力は無いが、学習力は誰にも負けない」**
> ── 松下幸之助

▷ 4．プロフェッショナルとアマチュアの分かれ目は

①基本的なことを繰り返し間違いなく出来ることが第一条件
②高いレベルの知識を正確にアウトプットでき、経験を活かした技術を持っている
③失敗に対して言い訳はしない
④正確な商品知識をもっている

▷ 5．企業活動

①**顧客の獲得**（リピーターを増やす、アフターケアの徹底等）

②**社会貢献**＝働きがい、生きがい（生産活動そのものが社会貢献や社会福祉に利益の一部を分配している）

≫　<u>上記の２点を兼ね揃えてこそ、一流企業といえる</u>

▷ 6．仕事とは

仕事の基本となる３点（6ページ参照）

| ①緊張感の持続 | ②完璧への挑戦 | ③健全な不満 |

＋

> **弛緩順序**（しかん）
> 何を先にするか、何を後にするか
> 何が重要で、何が重要でないか　の見極め

▷ 7．採用試験を受ける人

①**何を身につけ、何を（資質）会社に提供できるか**

　自分自身の考えを説明する文書を用意する（志望動機、熱意、滅私奉公の気持ちなど）。

②**何を売り込むか（自己ＰＲ）の補足**

　面接官が自己ＰＲの欄を見るとき、ＩＴ関係やその会社の業務に役立ちそうな資格はある程度評価をするが、他にスポーツ、例えば、サッカーの選手として「いかに勝てるか」「どうすれば強くなれるか」

「普通の練習ではレギュラーになれない」等の意欲と「研究心」といったことを売り込むと評価は高くなる。その時の実績も述べること。

▶ 8．日常の心構えとして

人との付き合い方を考える必要があります。家族、友人、お客様に対する思いやり、丁寧さを大事にすること。

3．「企業が求める人材」について考える前に

その人の「資質」や「資格」や「職歴」への評価は業種によって異なりますが、外見などの「形」や話してみてわかる「内面性」への評価は、どの業種でも同じです。

▶ 1．初対面のときの心理

人は初対面の相手に対して自己防衛のための心のヴェールを本能的に張ります。これは自分が開こうと意識しない限り開きません。

▶ 2．心の持ち方

たとえ心を開いても普段からの思考習慣で展開がかわります。
① 善意解釈の習慣があると、対人関係が好転しやすく、結果として自分にも良い形で返ってくる
② 悪意解釈の習慣があると、悪循環の対人関係に陥りやすい

> **POINT**
>
> いわゆるポジティブかネガティブな考え方かで、対人関係は大きく変わります。「でも」「しかし」「だけど」が口癖になっている人は自分が気がつかないうちに周りの人が離れていってしまいます。

▷ 3．ポジティブな考え方の行動例

○先手必勝の挨拶

○小さなことに対しても、感謝の気持ちを素直に「ありがとう」
と言葉に出して伝える。「どうも」の一言だけでもよいので言
葉に出すことが大切

○季節・天気・ニュース・世相等、会話を自分から切り出す

○人が集まる所に自分も参加する

> **POINT**
>
> 「ブレイク　ザ　シーリング　ミラー」
> （Break The Ceiling Mirror ＝ 自分の限界を打ち破れ）
> —— アメリカの成功者の言葉

▷ 4．気持ちの持ち方に合わせて「形」として表現する

○**立ち姿**—「気をつけ」の姿勢はしっかり保つ

○**発声**—声はノドからではなくお腹から出す。「はい」「ありが
とうございます」「失礼します」等、相手にしっかり伝える

○**目線**—最初と最後の目線合わせ。特に最後の目線合わせが大
切。「SECOND EYE CONTACT」は好感度を高める

○**おじぎの仕方**— 3種類の挨拶 ＋ 会釈 ＝ 4種類

▷ 5．「おじぎの仕方」について

1．最敬礼

　頭、首すじ、背中を直線に保ち、立った姿勢から上半身を45度
まで傾ける。その際、数を頭に浮かべながら1で45度まで下げ一
瞬の間を置き、ゆっくりと2、3、4で姿勢を元にもどす。そして、

相手が頭をあげるまで間を保つこと

2. 敬　礼

　初期動作は同じ。1 で 30 度まで上半身を傾け、ゆっくりと 2、3 と頭に浮かべながら姿勢を元にもどす。相手が頭をあげるまで間を保つこと

3. 通常挨拶

　1、2 の数え方は同じ、速く頭を下げてももどすときはゆっくりと。相手が頭を上げるまで間を取る

4. 会　釈

　5 度位に姿勢を傾けるときに注意が必要。首だけを傾けるのではなく、腰から傾けること

基本姿勢

15°
通常挨拶

30°
敬　礼

45°
最敬礼

Chapter **2**

今からはじめる
就職活動

1．就活は何からはじめたらいいのか

まず、以下のような準備が必要となります。

①就活サイトに登録する（リクルートナビ、ハローワークなど）

②就活の基本
- ○履歴書の書き方
- ○自己分析
- ○志望動機の書き方
- ○面接のための指導を受ける

> **POINT**
> 希望する会社に在職している OB から情報やアドバイスを受けましょう。

③志望業界をしぼる

ただし、あくまでも一応の目安程度にしておいて、できれば成長業種が望ましいが、限定しすぎないこと。

例：IT 産業、銀行、損保、生産業、航空業

④就職先の決定

やりがいの持てる仕事か、その会社に誇りと愛着が持てるか、将来性、社会的信頼性などが着目点。

社内の雰囲気なども判断要素になるため、様々な業種の会社を回ってみる必要がある。会社の説明会に参加したり、OB 訪問をしていろいろな情報を吸収してみることは有効。

２．就職試験の準備

　面接の練習、筆記用具、履歴書やエントリーシートの作成など、準備しておくことは以下の通りです。

①リクルートスーツやバッグの準備

　活動資金の準備が必要となるため、一時的な就活貧乏になることもあり得る。

②関連のある本を読んでおく（次ページを参照）

③面接要領と練習

　〇背筋を伸ばしてシャキシャキと歩く

　〇笑顔でハキハキ元気よく話す（原稿をもとに声を出して話してみる）

　〇身振り手振りを交えて話す（過度にならないこと）

　〇普段の自分を出す……分からないことは分からないと言う（アバウトに話すと大幅マイナス）

　〇自分が経験して得たことを社会または会社でどう活かしていくかをまとめておく。履歴書にも書くが、念のため口頭でアピールする

　〇自分に自信を持つ（しっかりと相手の目を見ながら話し、語尾は強めに発声）

　〇面接官との会話を楽しむ気持ちを維持する……緊張を和らげる効果がある

　〇失敗したことを次に活かせるようにメモノートを作る（就活ノート）

○代表的な質問項目については、文章を作り覚える

　ちなみに、面接官が問う<u>３大質問項目</u>は、

　①自己PR　②学生生活について　③志望動機について

> **POINT**
>
> ○履歴書、エントリーシートの内容を一致させる
> ○本命の会社が初めての面接にならないように他社で面接の練習をする
> ○企業研究をしっかりする
> ○時事用語は、常に新しいものをキャッチしておくこと

▶筆記試験について（ノート作成は必須）

　○ SPI問題集を何度か繰り返し解く

　○時事用語を勉強する

　○一般常識を新聞の「社説」で勉強する

〈参考となる本〉

　○ SPI問題集

　○知恵蔵（WEB）、現代用語の基礎知識

　○「日本経済新聞」

　○「新聞ダイジェスト」（新聞ダイジェスト社）

　○「就活ジャーナル」（WEBサイト）

　○『面接の達人　バイブル版』（ダイヤモンド社）

　○企業、会社研究資料、会社四季報

　○データバンクの検索

3. 内定を得るための主なポイント

○自分らしさを出すこと

○自分を飾らないこと

○<u>この会社に入って頑張りたいという強い気持ちを表現すること</u>

○自分の<u>何をこの会社に提供できるか</u>をうまく説明すること

○「はい」という言葉からはじまって元気よく、笑顔で話すように心掛けること

○礼儀正しく、身だしなみに気をつける

　　≫　形から入って、考え方を熱意を持って伝えること

○面接後、当日のうちに礼状を速達で出すこと

▷ **魅力的な履歴書・エントリーシート**

　履歴書にも第一印象があります。好印象を与えられる履歴書を提出しましょう。

○文字は丁寧に。大きすぎず、小さすぎず（枠の 2/3 の大きさ）

○写真はあまり実物と違いすぎるのはよくないが、明るく若々しいものにする。写真の裏には必ず名前を記入しておく

○スナップ写真添付の場合、写真館不可の場合もあるので注意。頭や足が切れていないか、背景や服装は適切か、スタイルがよく写っているかなどチェックを忘れずに

○学歴は正式名称で記入のこと

○職歴がある場合は、職務経歴を書いた書類を添付する

○免許・資格は年数の古いものから記入。資格が書ききれない場合は、志望する職種に関係の近いものを選んで記入する

○特記事項は、受験予定や短期留学経験等の記入に利用する

○健康状態について「すこぶる良好」ではどれぐらい良好なのかわからないので、健康を維持するためにやっていることや気を付けていること、また中学、または高校まで皆勤などわかりやすい例を記入する

○**自己ＰＲ**……しっかりと自己分析をし、志望している会社がどんな人材を求めているのか把握し、自分のＰＲポイントが的外れなものになっていないか確認すること。また、自分の長所がその会社にどのように役立つのか考えておく。過去の事実を述べるだけでは、自己ＰＲとはいえない

○**志望動機**……なぜその職業につきたいのか、なぜその会社に入りたいのか明確に書く。そのためには企業研究が重要になる。どんな会社なのか、どんな人材を求めているのか、どんな企業理念なのかなど調べておく

○通勤時間は現時点でわかれば記入。わからない場合（合格の際に通勤可能な範囲に引越をする場合）は「貴社に準じます」と記入すること

▷ エントリーシートの落とし穴（注意すべきこと）

①文章の最初に具体的な結論を書くこと

　無理して抽象的な結論を書いても意味がない。「目標達成力」「粘り強い」「行動力は誰にも負けない」「協調性」など書かれていることがあるが、これによって評価点が高くなることはない。

　＊経験をもとに、自分の言葉で説明する必要がある

②見出しをつけすぎないこと

　見出しをつける程特筆すべき内容かどうか、よく吟味する。

③箇条書きばかりにしないこと

　箇条書きだけでは、情報量が少なく、この人のことがよくわからないと思われるので「その理由として」等で数値等を入れて補足説明する。結論を書くと、相手に伝わりやすい。

④たとえ話ではなく具体的な経験を書く

　採用担当者は、エントリーシートで本人をイメージしたいが、たとえ話でイメージするのは難しく、字数の無駄使いになる。枠をぎっしり埋めるように書く必要はない。

⑤マーカーを引いて強調しないこと

　エントリーシートは採用会議用にコピーされるので、字の上にマークされた部分は汚くて読みにくくなる。

　＊太字用のペンか括弧書きなどで強調する

▷ 採用担当者の頭の中

Ｑ１：エントリーシートのチェック時にどんなことを考えているか

Ａ１：自社の求める人物像と照らし合わせて読む（イメージをつかむためにじっくり読む）

　≫　募集要件を満たしているか

Ｑ２：どんなエントリーシートの応募者に会いたいと思うか

Ａ２：その応募者が過去にどんな活動をしてきたかがイメージできる人

　≫　その応募者が自社で働いているイメージが描ける人

Q3： 会いたいと思えないエントリーシートとは

A3： 文章の羅列だけで全然イメージが湧かないもの

≫　その会社の採用試験を受ける動機になったことや、その会社の業種の中で「こんなことをやってみたい」という言葉につなげる

4．服装について　──面接官の立場から

> 　服装にはデューティウェアとオフデューティウェアの2種類があり、デューティウェアは背広であり、フォーマルウェアを意味し、オフ・デューティウェアはカジュアルを意味し、そのどちらを着るかによって人は歩き方や振る舞いまでも変わる
> 　　　　　　　　　　　　　　　──デザイナー・石津謙介

　就職活動や仕事をしていると、心構えや気力を失ってしまうこともあります。そんなときには形から入るとよいでしょう。服装をきちんと整えると気持ちもキリッとしまり、「また頑張ろう」という気分になり、礼節を忘れなくなるものです。

▷ 清潔な服装は無言の紹介状

面接に限らず人との出会いのとき、第一印象はその人の服装と表情、態度で決まります。特に最初の6秒（3ページ参照）で人は相手を評価します。きっちりとした服装や清潔な身だしなみ、きびきびした動作が良い印象となっていきます。

▷ 服装は人間性や人格を印象づける

ソニーの井深大元社長や本田技研の本田宗一郎元社長は日頃、社内では作業員と同じ作業服を着て、社員食堂で工員と一緒に同じ物を食べることを習慣にしていたそうです。しかし、全社員を一堂に集め、大切なことを伝えるときには一転して、モーニング姿に胸には白いハンカチをのぞかせて話をされたといいます。これにより威厳、権威、規律といったものを相手に強く感じさせることになるのです。人の心は形に表れ、形はその人の人間性や人格といったものを相手に印象付けます。

▷ 気をつけの姿勢は人格を表す

「気をつけ」の姿勢をちゃんととれない人間は何をやらせてもだめだ
　　　　　　——住友金属工業社長、関西経済連合会会長・日向方斎

普段あまりしない「気をつけ」の姿勢をしたときに、それが出来るか出来ないかでその人の人格がある程度分かるということです。「気をつけ」は、人前に立つときの姿勢基本になるからです。基本姿勢はとても大事で、昔から「正眼の構え」が正しくできない侍は

強い剣豪にはなれないという話があります。

▷ 正しい姿勢を身につける

正しい立ち姿と挨拶のしかたについてまず個人個人でロールプレイで練習してみましょう。

なぜこんな練習をする必要があるかと言うと、我々面接官は面接を受ける人を見るときに、まずは「形」からの判断を重要視するからです。ですから、それに対応をしないで面接を受けると気づかないうちにスタートからマイナスイメージを背負うことになり、話はうまく出来たのになぜ落ちたんだろうという結果になるのです。

3ページでも説明しましたが、英語に「The first impression is the last impression.」という諺があります。最初の印象は最後まで続くという意味ですが、話の内容がいくら良くても、印象が良くないと面接官の評価は受けにくいということです。

こういった「形」を身につけるには日頃から自分を訓練する必要があります。

③胸をはる

④ヘソに力を入れる

①アゴをひいて

②肩の力を抜いて

⑤男性：手の中指をズボンの中央の縫い目にあてる
女性：軽く前で手を組んでもよい

⑥つま先はやや開きぎみ
足のO脚を見せたくないときは靴のカカトを少しずらして片方をタテに出す

化粧について

▷ 1．肌づくりが完璧なら、あとは口紅だけでよい

＊**ポイント**……皮脂をいかに抑えるか

下地＝化粧水、乳液、クリーム、コンシーラー

ファンデーション＝スポンジタイプ、クリーミィタイプ

〈**効　果**〉

下地＋パウダーファンデーション

下地＋ファンデーション（リキッドもある）＋粉

　　○＋粉＝１〜２分の作業で格段の美しさ（ルーセントタイプの

　　　パウダー、はけ使用）

　　○１枚のベールをかけた優しい肌になる（透明感）

　　○これにより＋口紅で十分

＊化粧水は十分にパッティング。クリームを塗るときはマッサー

　ジをするようにしない。Ｔゾーンはオイルコントロールを

▷ 2．きりっと整った眉とマスカラだけのアイメイク

○眉頭、眉山、眉尻＝正しい眉形といったも
のはない

○**基　本**

　・眉尻は小鼻と目尻の延長線上が基本。<u>短いと老けて見える</u>

　・眉山の位置は目尻側 1/3 の延長線上と目尻の延長線上に収

まる範囲に

　　・パーティー等の特別な日には、目尻を
　　　少し長く引くと華やかに（図１）。
　＊マスカラは表裏ともにたっぷり付けるこ
　　と。下まつげはマスカラを縦にして一本
　　一本付けていく
　○ペンシルタイプのアイライナー
　　　≫　　リキッドタイプが良い
　　　≫　　ソフトペンシルタイプでまつげの内
　　　　　側に＝高度な化粧法。

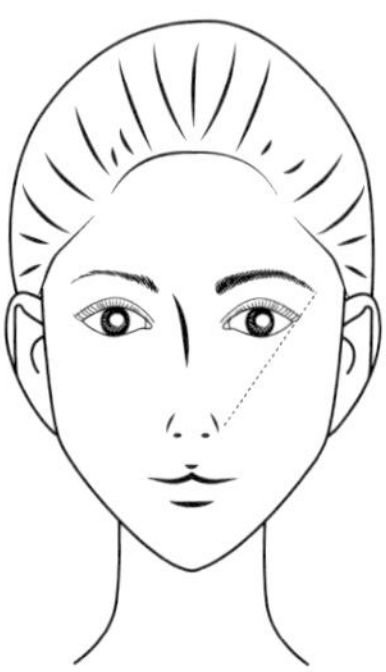

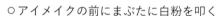

図１

　○アイメイクの前にまぶたに白粉を叩く
　○白めの粉でまぶたを整えてアイシャドーを塗るとムラにならな
　　い仕上がり（白の効果）
　○白めの粉を小さなパフではいた後、余分な粉をブラシで取る

▷ ３．ほお紅の位置

　ほおのでっぱり上から 1/3 のところ（下
より 2/3）三角に（図２）
　＊赤っぽくなりすぎないのがコツ

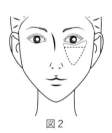

図２

▷ ４．メイクのキャリアを積むなら、きれいな色からくすんだ色へ

　○若々しさは目もと、口紅もピンクに
　○ブラウン・アイメイク（ナチュラルカラー）に１色をプラスする。
　　　＋グレー　　≫　　大人のイメージ

　　＋パープル　》　女らしく

　　＋グリーン　》　知的で落ち着いた雰囲気

5．口紅は紅筆で塗ると、もちが良くなる

○にじみも少なく繊細な仕上がりになる

○１回で唇全体を塗れる以上の口紅を紅筆にたっぷりと付ける
（ムラを防ぐ）

○面倒な場合はリップペンシルでふちどりをして

○ポイントは仕上げのティッシュ・オフ＝ティッシュを唇にあて、
上から軽く押さえる

　　》　もう一度塗ると長持ちする

＊リップペンシルで全体を塗りつぶすとまず落ちない（軟らかい
ペンシルもある）

○口紅を塗る前にクリーミィタイプのファンデーションを少量つ
ける

○色のトーンが暗すぎる口紅には、パールを上から塗る

＊藤原美智子氏（ヘアメイクアップアーティスト／ライフスタイルデザイナー、
著書多数）の化粧法を参考

COLUMN 1

人間関係を円滑にする5つの言葉

　2003年、当時の日韓関係は、お互いに好感度が低い状態にありました。そんな中で放送された韓国ドラマの「冬のソナタ」ですが、このドラマの会話に人間関係を円滑にするヒントがありました。

　それは、「はい、分かりました」「すみません、以後気をつけます」「失礼します」「ありがとう」＋「好きです」の5つの言葉です。ドラマでは、この言葉が頻繁に使われ、韓国の皆さんのやわらかな会話が日本のお茶の間に届けられました。そして、それを聞いた日本人はほのぼのとした気持ちになり、一気に「韓国ブーム」がおばちゃまや若者の間に広がり、下火になっていた韓国ツアーが回復したのです。

　家庭の中でもこの5つの言葉が多用されるだけで、ほのぼのとした家族関係ができると思います。

Chapter **3**

今からはじめる
就職活動
― 実践編

１．企業研究

▷ １．企業情報を収集するための５つの情報源

①**業界地図**（日本経済新聞、東洋経済新報社）
　○各業界の規模、動向、勢力図等がチェックできる
　◎押さえるべき重要な用語、数値がある
　○業界全体の現状と今後をつかめる

②**日経会社情報**（日本経済新聞）、**会社四季報**（東洋経済新報社）
　○上場企業（３千数百社）をすべてチェックできる
　○企業の業績、財務指標、株価チャート
　◎企業の客観的分析がされている

③**全国企業あれこれランキング**（帝国データバンク）
　○各都道府県別に地元の有力企業をチェックできる
　○売上高ランキング等、その企業リストが載っている
　◎地元就職を考えている人の企業探しにきわめて便利

④**就職四季報**（東洋経済新報社）
　◎約 6,000 社の企業情報を掲載している
　◎「求める人材」や「エントリー情報と採用プロセス」の企業情
　　報掲載

⑤**会社四季報未上場会社版**（東京経済新報社）
　◎未上場会社のトップから約 7,000 社をチェックできる

◎上場はしていないが就職人気企業が載っている

▷ 2．採用試験の情報収集ソース

①就職情報サイト

○いくつかの就職情報サイトによって掲載企業が異なるので複数のサイトを使うこと

②企業のホームページ

◎自社の HP で採用試験情報を流す企業が多いので志望企業については必ずチェックすること

▷ 3．その他

①まずはハローワークで調べる
②人事に電話
③先輩に訊く……OB・OG 訪問の際に何を訊くか
④合同説明会に参加する

2．受験対策

▷ 1．前日までのチェック項目

①面接日は何日の何時か
②求人広告内容を隅々まで読んだか
③データ書に目を通したか
④インターネットを通じて情報を取り寄せたか
⑤業界の動向をつかんでいるか

⑥会社の概要は暗記したか。特に企業理念、経営方針などが重要
⑦会社（会場）までの道順を確認したか。所要時間を調べ、前日ま
　でにその場所をチェックしておく
⑧志望動機
⑨自己 PR の準備
　　≫　　自己紹介とは単に学歴、職歴、出身地などを求められる

> **POINT**
> ＊自己紹介を求められているのに、自己 PR まで述べてしまう人が多いので、
> 　気をつけましょう。理解力が不足しているとみなされてしまいます。

⑩採用窓口担当者の名前は覚えたか
⑪指定された所持品は持っているか
⑫服装チェック

> **POINT**
> ・髪型、爪（特に清潔感に注意）
> ・服装の基本…… ダークスーツ、白いワイシャツ（男）
> 　　　　　　　　　ダークスーツ、白いブラウス（女）

⑬口紅はスタンダードの赤、光沢のないピンクまで

▷ 2．面接……当日の準備と面接技術

　例えば、航空会社を受ける場合、飛行機に乗ったらそのときの乗
務員と会話を試みるなど、企業イメージをもつと面接時に感想とし
て使えます。
①朝刊は読んだか。志望会社（業種）関係の記事を探す
②出発前に身だしなみをチェックする

③15分前には会場に入る

④受付をする

⑤控室で順番を確認する

⑥人の名前や肩書きをきちんと覚えたか

⑦トイレ

　○一言断って行く

　○途中で社員と会ったら会釈　＊念入りな化粧は不可

⑧ドアを開ける場合は、ノックして、「失礼します」とひとこと断って、一礼して部屋へ入る

⑨お辞儀は丁寧に

　○入室したところで「よろしくお願いします」とゆっくりと挨拶

⑩深呼吸を忘れずに

⑪声は大きくゆっくりと

　○普段より心もちゆっくりと、語尾ははっきりと

⑫視線や顔の向きに注意

　○基本は、質問する面接官から目線をはずさない。しかし時々は目線をはずして、他の面接官にも注意を向ける

　○自信がないという印象になるのでうつむかない。時々、他の受験者が話している方向に顔を向ける

　○ボディランゲージを使ったほうが良い

> **POINT**
> 会話を楽しむつもりで面接に臨みましょう。

3．面接について

▷ 1．企業面接とは

　応募者と会社が会って、条件を出し合い、話し合う場所。応募者・面接者双方が売り込みと評価をすることになります。面接者が応募者を一方的に吟味するプロセスではなく、<u>対等な出会い</u>の機会です。

▷ 2．面接者（会社）の知りたいところ

①職種に求められる仕事をする能力と熱意があるか
②その会社にあう人間性か……能力、技能、経験、知識や実績等、その職種に必要な条件を応募者が満たしているか否かを判断する。また、組織に適応できるか、性格や特性を見る。さらに、その仕事に興味や熱意があるか否かを見る

▷ 3．応募者の知りたいところ

①自分が求めている仕事か。やりがいはあるか
②経営ビジョンは自分に合うか
③種々の条件はどうなっているか
　≫　応募者は下記の項目について分析する必要がある
　○どういう会社か。何を作って、何を売っているか
　○どういう研究開発をして将来を目指しているか
　○<u>自分を賭けられ、生き甲斐を感じられるか</u>
　○自分の能力・技能・経験・知識・資格・業績を活かせるか
　○社会に貢献出来る会社か
　○<u>社風は自分の性格や価値観に合うか</u>

○社長以下、経営者のビジョン、ポリシー、社是といった経営スタイルはどのようなものか
○将来性はあるか
○職位は・給与はどうなっているか

▷ ４．主な面接質問

○どういう仕事をしたいか
○会社に提供できることは (経験、知識)
○あなたの長所、短所は
○あなたは会社の利益、売上を増大させることができるか
　≫　アイデアを入れた内容を伝えると良い

＊転職者の場合は上記に加えて以下の質問もある
○どうして辞めたのか、辞めるのか
○どのような仕事をしてきたか
○経歴（特に職歴・職位・経験・知識）
○主な達成事項はなにか
○あなたの知識と経験で会社の問題を解決できるか

▷ ５．面接の流れ（大手の場合）

①**面接通知**
②**１次面接**……主に人事部が担当し、応募者をスクリーニング、ふるいにかける
③**２次面接**……主に担当上司が担当し、能力・知識の確認。突っ込んだ専門的質問がある
③**３次面接**（社長、役員による確認のための面会）

④４次面接……人事部が担当し、職位、給与、入社日、その他の条件が伝えられる

⑤内　定

⑥合格通知

≫　中小企業の場合……１次面接が担当上司との話し合いとなり、その場で、社長、役員、部長級との面接になることもある

６．面接のポイント

○出会いの６秒で大まかな印象が決まる

○第一印象をよいものにする……入室、挨拶、動きで決まる

　例：<u>キビキビ、ハキハキ、はっきりした声</u>

○最初の５分間が大切……会話の応酬が続くと良い。熱意、真剣さ、自分の性格（誠実さ、明朗な感じを与える）を伝える

□面接官の判断基準

○服装、清潔感と健康的と思わせるもの……化粧、髪型、ふけ、靴もチェック

○話し方や声……キレのいい発声、自信を持った話し方

○話の内容……具体的な話をしながら、熱意、人格、能力について説明

> **POINT**
>
> 〈誠実さと熱意を明るく表現するために〉
> ○ポジティブな話し方
> ○話が長くならないよう簡潔に＝箇条書きのように要点を伝え、短い補足説明を加える
> ○分からないときは正直に分からないといって、言い訳をしない

□「何か質問はありますか」という問いかけへの対応

○基本的に自分が知りたいことをいくつか準備

○自分の能力の高さをうかがわせるような質問

○企業研究で疑問に思ったことをメモしておく

○仕事上のこと（仕事内容、仕方、流れ等）

○面接質問に対して十分答えられなかった場合のフォローを試みる。許しを得て最長2分間位にする

□終わりの挨拶

好感度を高める内容の言葉を用意しておく。

○「本日は、私（私共）のために、貴重な時間を設定していただきありがとうございました」

○「本日は、貴重なお話をお聞かせいただきありがとうございました」

○「本日は、いろいろと話を聞いていただきありがとうございました」　等

□後刻対応

○その日の内、または翌日までに礼状を出す。ただし長くならないよう注意

○会社が指定した結果連絡日がなければ、早い時期に面接結果について確認する

○2次・3次面接に備える

○信用調査（採用決定後）対応として、関係者に挨拶をしておく

▷ 7.一般的な注意事項

- ○企業研究、自己分析（自己 PR）をしっかりと
- ○受け答えは簡潔に
- ○聞かれた質問だけに答える
- ○質問の意味を理解したうえで答える。はっきりしない場合は聞き返して良い
- ○「問題」という言葉は使わないこと。チャレンジ、チャンスに置き換える
  - ≫ 「問題」という単語を使うと、労働組合的な発想が強いと見なされやすい

▷ 8．合否の感触をつかむ要点

- ○会話の応酬があり、盛り上がったか
- ○面接時間が充分あったか
- ○相手の反応がよかったか
- ○次のスケジュールの確認があったか

４．面接を知って、面接に強くなる

▷ 1．心がけると吉！

□入　室
①元気のよいノックとアイコンタクト、明るい挨拶を心がける
②ドアの前から笑顔。声のトーンは「おはようございます」の「す」のところを少し語尾あがりにすると良い

③ノックは元気に２回。ドアの開け
　閉めに注意。<u>面接官に背をむけな
　い。</u>体は半開きでドアを両手で閉
　める

④挨拶は面接官の目を見て明るく。
　親しみのある優しい目線（楽し
　かったときのことを思い出しなが
　ら）、その後も面接官とアイコン
　タクト（各人にもれなく）

⑤お辞儀はビシッと決めて、背すじ
　を伸ばして会釈程度

面接時の座り方

⑥着席を促されてから座る（<u>深々と座らない。中くらいに浅く</u>）

□**面接中にココを注意して**

①質問待ちの場合は小さな笑顔（うつむき NG）

②質問直後はうれしそうな顔（困った顔 NG）

③質問返答中は大きな笑顔（無表情 NG）

④返答直後は自信に満ちた笑顔（ため息・頭をかく・首を傾げる
　のは NG）

⑤他の人が質問を受け、答えているときはをそちらに体を向け、
　うなずきながら聞く姿勢（協調性があるとみなされて良い）

□**退室時に心がけること**……最後まで気を抜かないで

＊緊張がほぐれたとき、<u>笑顔が真顔に変わるのは NG（ほほえみ
　をキープ）</u>

①落ち着いた声で「ありがとうございました」とお礼を言い会釈

＊忘れずに目線を合わせること

②ドアに向かって姿勢よくキビキビ歩く

　＊背中をみせることになるので、とぼとぼ歩きは NG

③ドアの前で振り返り、面接官のほうを向き姿勢を正す

④「失礼します」と明るく元気に言ってお辞儀をする

⑤ドアを閉めて退出する（ドアの開け閉めは静かに）

▷2．面接の掟〈5カ条〉

①基本は笑顔、臨機応変に

②自己分析をしっかりする

③面接は面接官との対話の場……一方通行にならないように会話が
　交わされるよう注意する

④話題豊富であれ

> **POINT**
>
> 　「私は、私は」が会話や文中に頻出する人は、自己顕示が強い人という評価につながります。

⑤必勝マニュアルはない。その場の状況にあわせられる余裕を持つ

> **POINT**
>
> 　面接官は「ここは知りたい」というときには、いろいろと続けて訊いてくるので、最初の質問に全て答えてしまわないこと。これは話が長くなりすぎてしまうことを防ぎます。

▷3．適性について

　職種によって適性はいろいろと異なりますが、ここでは、サービス業、接客業に求められる要素の多くが共通する航空会社のＣＡ

（キャビンアテンダント）採用面接のケースを紹介します。

CASE1　自分の話が出てこない

　　面接では、その人自身の体験を話してほしいものですが、意外とそういう話が出てきません。その理由は、人付き合いが少ないということかもしれません。CA は人と接する仕事ですから、コミュニケーション能力は欠かせません。これは、お客様満足度を高める仕事に共通しています。

CASE2　相手にあわせた対応ができるか

　　実務では、お客様から言われる前に要望に気づく「シミュレーション能力」や相手に合わせて柔軟に対応できる能力が必要になります。そのため、ストレスに弱い人は CA に向いていません。CA には、以下の適性が求められます。

　　○親しみやすい人
　　○仲間とチームワークを保てる人
　　○清潔感のある人
　　○コミュニケーションが簡単にとれる人
　　○人の気持ちを察知することができる人。察知は難しくても思いやることができる人
　　○ストレスに強い人
　　○すぐに行動に移せる人
　≫　面接官はグループディスカッションで個々の適性を見ている

> **POINT**
> 　これらはどんなときも普段からきちんとした生活を送り、感じよく人と接することを考えていれば、おのずと身についてくる適性です。

□ 5 つのポイント

　笑顔・感性・楽しむ心・連携・情報

5．2次面接以降の定番質問

　企業は志望動機を聞くことによって、次の 4 つのことを見ようとしています。

〈企業が見ている 4 つのポイント〉

1．**学習能力**……会社についてどれだけ学習してきたか
2．**分析能力**
3．**入社した場合、どんな貢献をしてくれるのか**……「自分はこういう理由で御社に対してこのような貢献ができると思います」という説明
4．**熱意**……採用した場合、本当に入社してくれるのか

▷ **質問と回答例**

Q1：他社の入社試験を受けたことは？　これから受ける予定はありますか？

A1：事実を述べること。話の最後は「何といっても私の第一というより最上志望です」といった内容で締める。「試験日が重なったら絶対に御社と決めています」等も有効。

Q2：どんな社員になりたいですか？

A2：過去にその会社の社員を見て感じたこと、話して感動したこ

と等のエピソードを盛り込んで笑顔で。なければ資格、経験、自分の個性を盛り込みながら会社を通じて社会に貢献できる社員になりたいといった内容にする。

Ｑ３：あなたは当社に何を提供できますか？

Ａ３：基本的には上記Ｑ2と同様に資格、経験、自分の個性、長所について話し（全部入れる必要はない）、企業データとも結びつける。しかし最後は「もし御社に入社を許されましたら指導を仰ぎつつ一生懸命働くなかで、必ず貢献できるようになりたいと思う」といった謙虚さで締める。

> **POINT**
>
> 　Ｑ2、Ｑ3は、「企業が求める社員」、「付加価値を高めるにはどうしたらよいか」を知っている面接官が質問していることを念頭に置いておきましょう。

Ｑ４：安全とサービスはどちらが大切ですか？

Ａ４：安全第一を力強く話し、サービス業であることを盛り込みつつポイントをおさえて内容を手短に。安全やサービスについては、まだわかってない状態で長々と話さないほうがよい。

〈上記のほか、応募者の考え方や人柄をみるための質問〉

　○理想とする人は誰ですか？

　○宝くじが当たったらどうしますか？

　○最近のニュースで一番気になったことは何ですか？

　○この仕事は自分にあっていると思いますか？

　○体力がなさそうですが、弊社に入社して大丈夫ですか？

○お客様から強いクレームがきたらどのように対処しますか?
○残業についてどう思いますか?

　全体に笑顔をたやさないように、機転のきいた内容を心掛けましょう。面接官はあなたの反応を見ています。答えは、ある程度内容のあるものにする必要があります。しかし、考えるあまり時間がかかり過ぎないように注意して、テキパキと言い切るように話しましょう。できれば会話を楽しむ感じで。

　特にいじわる質問に対して真顔になったり、声が弱くなったり、眉を寄せるといった状態にならないことを最優先に考えることが大事です。

> **POINT**
>
> **■圧迫面接について**
>
> 〈圧迫面接とは〉
> 　面接官がわざと威圧的な、あるいは意地の悪い質問や反論を投げかけ、受験者の反応や応答を合否の判断材料とする面接方法を指します。
>
> 〈対応方法〉
> 　1．基本的にどんな質問にも笑顔を保つ
> 　2．「そうですねー」と時間を稼ぎつつ、ユーモアを交えて話すよう努力する
> 　3．真顔になったり、眉をひそめる、あるいはうつむき具合にならない
>
> 　最近は圧迫面接をする企業が減ってきてはいますが、スマートに対応できるようにしておくとよいでしょう。

まとめとしての面接チェックリスト

	チェックポイント	マイナス評価
身嗜み	・お辞儀、歩き方、立ち姿、座り方、ふさわしい服装、髪型、手入れ、清潔感、雰囲気	・正しい立ち姿、お辞儀、座り方ができない ・不相応な服装（カジュアル、派手すぎ、不適切な髪型、手入れがされてない服装、香水のつけすぎ、厚化粧） ・動きがだらだらしている
話す態度	・キビキビした動作 ・笑顔 ・緊張しすぎない	・落ち着きがない ・目がいつも動いている ・笑顔が少ない ・こわばった態度 ・腕を組む
聞く態度	・他の人の話にも耳を傾けるしぐさをする ・真剣に聞く姿勢 ・まなざし	・人が話しているとき、よそ見している ・あいづちがない ・返事がない ・相手の話を遮る ・相手の目を見ない
話し方	・ハキハキとした受け答え ・声の大きさ、抑揚 ・要点をしっかりと伝える起承転結 ・例を挙げて、箇条書き的に話してないか	・声が小さい ・しまりのない話し方・聞き方 ・内容がまとまらず脱線しがち ・長すぎる、細かすぎる ・箇条書き的表現になってない ・得意な話のとき、友達言葉になっている ・オーバーな表現をする習慣（やっぱり、すごく、非常に）
態　度	・積極的な姿勢、信頼感のある態度 ・若者らしい、明るい態度 ・謙虚な態度、協調性 ・シャキッとした態度 ・プラス思考か、マイナス思考か	・否定的な対応 ・自己主張が強い態度 ・暗くメリハリのない態度 ・分からないことを無理して答える ・「問題」という言葉が多い（チャレンジ、チャンスに置き換える）
社会性	・研究家タイプ・発想、創造性、アイディアに富む	・政治・宗教について語らない

57

面接評価表（例）

面接官 _____

項目 \ 細目 \ 評価		5	4	3	2	1
容　姿	化粧・髪型・服装・清潔感など	非常に優れている	優れている	普　通	やや劣る	劣　る
態　度	落ち着き・姿勢・表情・動作など	非常に落ち着きがある	落ち着きがある	普　通	やや落ち着きがない	落ち着きがない
社会性	物の見方・考え方・自立心・協調性など	非常にしっかりとしている	しっかりとしている	普　通	やや頼りない	頼りない
性　格	明朗性・積極性など	非常に明朗である	明　朗	普　通	やや暗い	暗　い
表現力	学生言葉・敬語の使い方・論理性・常識度など	非常に優れている	優れている	普　通	やや劣る	劣　る

概　評

学業成績
優 _____
良 _____
可 _____

身長　　　cm　　英語力　5・4・3・2・1

総合評価	5	4	3.5	3	2	1
	是非採用したい	採用したい	採用してもよい	採用しなくてよい	できれば避けたい	避けたい

備考：

質問例の補足

「自己PR」の関連質問	しっかりとした自己分析
あなたの長所と短所は？	短所についても最後は肯定すること
簡単に自己紹介をして下さい	自己PRと混同しないこと
あなたの性格を一言で言って下さい	「〜な人です」は禁句。気を許して普段の言葉遣いにならない。「私は」を多用しないこと
いつも心がけていることは何ですか？	少し深みのある内容にする。しかし無理してレベルの高い内容にしようとしないこと。自然に
日常生活で気をつけていることは？	人との関わり方や健康管理についてが無難
あなたのセールスポイントは？	特に箇条書き的に話し、最後に御社に「この点で貢献できるかと思います」としめる
その他の簡単な質問について（例：最近何かいいことはありましたか？）	まずは笑顔を忘れずに、ユーモアたっぷりに話す。しかし友達言葉にならないように注意。話しやすい質問のため、話が長くならないよう注意

学生生活の関連質問 （誰が聞いても、なるほどと思わせること、今通っている学校のこと）	
学生生活で得たものは何ですか？	専門コースの内容、クラブ活動の内容。「御社の業務に活かせると思います」でしめる。苦労話を入れると良い
学生生活で一番力を注いだことは？	特別な活動、友人の事等の話をもりこむ。力説したい内容は身振り手振りをいれて熱っぽく話す。学内イベントでの役柄や苦労話など
どんなアルバイトをしましたか？アルバイトで得たものは何かありますか？	水商売的なものは話さない。アルバイトの目的、アルバイトで苦労したこと等手短に
学生生活で思い出に残ったものは？	友達が出来たこと、いろんな問題について考えることができたこと、失敗談などを入れる

志望動機の関連質問（会社と職種）＊しっかりとした企業分析を

この会社を選んだ理由は？	企業研究の中から具体例を挙げて何年も前から考えていたこと、何としてもその会社で働きたい気持ちを一生懸命に話す（子どもの頃からの夢だった等はいれない）。身振り手振りがあると熱意が伝わる
当社のイメージを簡単に	社員の皆さんの様子をほめ、具体的な企業データとエピソードを盛り込みながら将来性のある内容も入れる。時事問題から引用。社会性をアピール
この職種を選んだ理由は？	職種の内容を簡単に盛り込みながら自分が持っている資格、特性、意欲を話す（「人の世話が好き」「特技を活かす」「世話になった方への恩返し」等、具体的に）。社会に貢献することがこの職種を通じてできるといった内容で締める

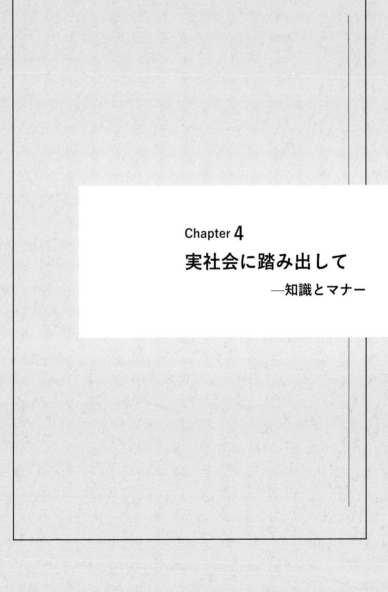

Chapter **4**

実社会に踏み出して
—知識とマナー

仕事について

「仕事を趣味と考えよ」「その仕事を選んだ原点に戻れ」

1．上司の考えていること

○上司や先輩に助けてもらっても、結果を報告しない

≫ 「あの件はこうなりました」と最後まで報告すべき

○わかったつもりで、自分勝手に仕事を進める

≫ 途中経過についての報告をすべき

○自分の仕事ぶり、進め方についてアドバイスを受ける姿勢に欠ける

○報告は箇条書きにしてもらいたい

○アドバイスに対しては「ありがとうございました」

○指導に対しては「はい、以後気をつけます」の言葉がない

2．仕事の基本を分かっていますか？

○名前を呼ばれたら「はい」と明るい声で返事して、その上司のところへ向かう

○上司の話の重要なポイントをチェックしてメモを取る

○「何を、いつまでに仕上げるか」を確認する

○上司の話の途中で口出ししない。質問は話が終わってからする

○指示の内容を復唱する。キーワードをつかむ習慣を身につける

3．正しい指示の受け方、連絡・報告の仕方

□指示・命令の受け方のポイント

○呼ばれたらすぐ「はい」と明るく応対する

○積極的に聞く

　»　おおまかな内容、数字は必ずメモする。疑問点があっても
　　口出しせず、最後まで聞く

○5W1H

　»　WHO（誰が）、WHEN（いつ）、WHERE（どこで）、
　　WHAT（何を）、WHY（なぜ）、HOW（どのように）で内容
　　を確認する。　＊納期の確認を忘れずに！

○要点を復唱する

○意見があれば述べる

□報告のポイント

○指示を下した人に直接報告する

○仕事を終えたら直ちに報告する

○仕事が長期にわたるときには進行状況、見通しを中間報告する

○**結論　»　理由　»　経過**　の順で報告する。（箇条書きに）

○**急ぐこと　»　重要なこと　»　その他**　の順で報告する

　＝弛緩順序

○意見を述べるときには、事実と意見を区別して述べる

> **POINT**
>
> 〈書類の渡し方〉
> 両手で丁寧に扱い、相手の見やすい向きにして、自分の胸元から相手の胸元
> へ<u>軽く弧を描く</u>ようにして差し出します。

4．報告要領

○あらかじめ伝えたいことをメモにしておく

○結論から報告する

　　≫　経過報告は結論から手短に箇条書きでメモにする

　悪い例

○「お話ししようと思っていたんです」では、事後承諾になって
　しまう

○何が言いたいのか要領を得ない

○いつも「どうしましょうか」と一方的に頼る

　　≫　的確な判断力を養っておく

5．電話応対

□ポイント

○普段話すときよりゆっくりと。明るめの声で話す。相手に威圧
　感を与えない。不快感を与えない

○相づちは多めにうつ。「はい、なるほど」「左様でございました
　か」等

○相手の名前を「はい、○○様」と時折はさむと、信頼感が増す

○相手の調子に合わせる。急いでいる様子のときは、丁寧な挨拶
　は省略

○社内だけで使われている専用語や業界用語は努めて避ける

□注意事項

○第一声は聞き取りにくい。「○○会社の××でございます」

　≫　挨拶の言葉からはじめる

○メモ用紙を身近に

　≫　話す内容に必要な資料を準備する

○「少し長くなりますが、お時間は大丈夫ですか？」

　≫　「では、よろしくご検討ください」

　　「失礼します」

○通話を終えるときは、相手が切る、受話器を置くまで待つ

○何でも「はい」は禁物

　≫　例えば、「○○さんをお願いします」と言われて、確認せずに「はい、お待ちください」と答えるのは NG。この場合、○○さんがいると思って待っている相手に、「ただ今不在です」と答えることになり、相手は非常に不愉快になる

　　＊「少々お待ちください」が正しい受け方

○クレームの場合は、「はぁ、はぁ」でぼかす

○たらい回しは一番失礼

□名指しされた人が電話中のとき

○本人が出られない理由を説明

○待たせる時間は 30 秒が限界。「こちらから電話させて頂きたいと存じます。よろしくお願いします」

○その後、社名、名前、電話番号を確認する

□名指しされた人が不在のとき

○恐縮した態度で代わって用件を聞くなど、次のコンタクトの取

り方を決める（相手の意向を最優先にする）

　○「××が承りました」と必ず自分の名前を伝える

□**伝言メモ**……読みやすい字で書く

　○誰宛のメモか分かるように「〇〇様」と明記

　○受けた日時と自分の名前を最後に記入

　○内容は整理して箇条書きにして、「急ぎ」の場合は枠外にその
　　旨を目立つように記入

　○相手の名前の漢字がはっきりしない場合

　　≫　ひらがな又はカタカナで

□**外国人からの電話**……伝えたい単語を大きく、ゆっくりと話す

　○ May I have(ask) your name, please.

　　Could you tell me your company name, please.

> **POINT**
>
> 〈外国人の名前が聞き取れない場合〉
> Would you spell out your name, please.

　○担当者や英語のわかる人に取り次ぐ

　　Hold on, please. ／ Just moment, please.

　○担当者が不在のとき

　　I'm sorry, He's out at a moment.

　○よく聞き取れなかったとき

　　Please, speak a little louder.

　　I can't hear you. ／ Could you(please) speak slowly?

　　Pardon me ? ／ I beg your pardon?

6．ビジネス文書

社内文書……各種報告書、稟議書、企画書、議事録、始末書
社外文書……挨拶状、契約書、紹介状、請求書、通知書、催促状

□**作成要領**……資料探しから始める

①目的により異なる一定の書式があるので、自己流にならないようにする。

②文書について書かれた本を買って必要に応じて読む。

□**ポイント**

○5W 2H

　≫　WHO（誰が）、WHEN（いつ）、WHERE（どこで）、WHAT（何を）、WHY（なぜ）、HOW（どのように）、HOW MUCH（いくら）

○結論を優先して箇条書きにする

○センテンスは短く分かりやすい言葉を使い、業界用語は避ける

○固有名詞、データ、数字は正確に

○必ず読み返すこと。最低限、誤字、脱字、数字の間違いがないように確認する。他者が書いた文書を読むように読み返す

7．ワードでの文書作成

□**ポイント**

○見出しやタイトルを工夫する

○べったりと文字を並べない。適切なところで改行する

○大事なポイントは、朱書きまたはアンダーライン、活字の大きさを変える

○文末の工夫「です・ます」調か「である」調か統一

　≫　「存じます」は避ける。「お願い申し上げます」の多用は避ける

○詫び状、礼状の場合は手書きが良い

　≫　誠意や感謝が伝わりやすい

○文字変換に注意する。同じ読みでも全く違う意味の言葉になってしまう

○ワードの文書の末尾には、２、３行ほど手書きで一筆入れる。例：お忙しいところ恐縮ではございますが、なにとぞ、よろしくお願いいたします。

8．失敗したら〈危機管理要領〉

□ポイント

○失敗したら小さくまとまるより、恐れず何かをつかもうと一生懸命取り組む

○失敗は誰にでもある。同じ失敗は二度としない

○自分でカバーできない失敗は隠さない

　１）悪いニュースほど早く上司に報告する。「恥にも叱りにも堪える勇気」をもつ

　２）責任転嫁しない。「私の不注意から……」と誠意を持って謝罪する

○次の対応策を見極める

　≫　リカバリーショットを打つ努力をする

9．提案するとき

□ポイント

○言われた通り一度やってみる

○こうしたほうがいいと思っても、その場での提案は慎むこと

>> ストレートな反対意見、または提案は嫌われる

○提案の根拠となる理由を説明し、思いつきではないことを証明する

○自分の案にいろいろな方向から検討を加えてみる

>> 反論に対する準備になる

○同時に自分の提案の「デメリットはどこか」を提示すると、対処法まで検討していることを示すことになる

○客観性のある内容か

>> 事実やデータをそろえて、常識があり、広い視野に立っていることを示す

>> 同業他社の動向や最新ニュースをキャッチする

○提案の前に昼食などの場で「〇〇の件に関してこういうことを考えているのですが……」と話して、相手の反応を見てみる

>> 下準備（根回し）は非常に大切（同僚に相談。反対されたらその理由を聞く）

10．ビジネス用語

動　詞	丁寧語	尊敬語	謙譲語
行　く	行きます	いらっしゃる	参る、伺う
見　る	見ます	ご覧になる	拝見する

□ 要注意

＊友達言葉、学生言葉、若者言葉に注意する

○「田中のほう、お休みをいただいておりました、明日は会社の
ほうに出社いたします」

○「わたし的に言うと」、「わたしって感じの」「まぁわたしって
いうか」

○「書類のほう、お調べできないっていうか、かたちの状態なん
ですよぉ」

○「わたしってコーヒー好きじゃないですか」

□ クッション言葉と文体の原則

①クッション言葉……言葉の響きを和らげる気遣いの言葉

②文体の原則……否定文・命令文は、肯定文・依頼文にする

例：「こちらにご記入ください」

「お手数ですがこちらにご記入いただけますか」

ビジネス用語の正誤表

誤	正
わたし、ぼく	わたくしは、わたくしども、小職、小生
誰ですか（お客様に）。	どちらさまですか。どなたさまですか。…でしょうか。
何の用ですか。	どのようなご用件でしょうか。
（担当者は）すぐ来ます。	すぐに参ります。
もう一度言ってください。	（恐れ入りますが）もう一度お願いできますか。
どっちにしますか。	どちらになさいますか。
今、席にいません。	（申し訳ありません）只今、席をはずしております。（後程〜）
わかりません。	存じません。お答えしかねます。
その件知っていますか。	（失礼ですが）その件についてご存じでしょうか。
山田部長いますか。	山田部長はおいでになりますか（ご在席ですか）。
帰ったら言っときます。	戻りましたら伝えます。「お」をつけない。
営業部でうかがってください。	（お手数ですが）営業部でお確かめください。「お」をいれる。
どちらへ参られますか。	どちらへお越しですか。
部長、社長が呼んでいますよ。	部長、社長がお呼びですよ。
これを見て欲しいのですが。	（すみませんが）これに目をとおしていただけますか。
佐藤部長がそう言ってました。	部長の佐藤がそう申しております（した）。
お客様がお見えになられました。	お客様がいらっしゃいました。
声が小さくてきこえないんだけど。	（恐れ入りますが）ちょっと電話が遠いようですが……。

大事なことは忙しい人に頼め

「大事なことは忙しい人に頼め」という格言があります。その理由は下記の3点です。

①沢山の仕事をかかえている社員は弛緩順序の思考回路が身についており、取捨選択する能力も身につけている

②限られた時間の中で業務をこなしていくため、ミスや漏れがないか自分の行った作業をふり返る習慣がついている。そのため、出来上がりの信頼度が高い

③残業することに対する自己反省の考え方があり、同じ作業ができる人がいる場合は、その人に業務を分担して効率化をはかることができる

マナーとエチケット

1．マナーとエチケットの違い

□マナー

相手の状況や都合を考慮に入れた優しさや思いやり

□エチケット

相手に良い感じを与える。対人関係における日常の心得

例：挨拶する人が他の人と話している場合は、あえて声をかけず
　　に黙礼して通り過ぎるのは**マナー**

　　「おはようございます」は**エチケット**

> **POINT**
>
> どちらも一朝一夕にして身につくものではなく、日常生活での積み重ねで身についていきます。言葉遣いと併せて身につくと一生の財産になります。
> 　欧米では、「プリーズ」「サンキュー」「イクスキューズ・ミー」は幼児の頃からしつけられます。

2．立ち居振舞いについて

▷ 1．立ち居振舞いの基本

　基本は正しい「気をつけ」の姿勢。剣道でいえば「正眼の構え」からです。

　　○腹筋と背筋の強化で持続できる

　　○耳と肩と手の先が一直線

○アゴを引いて胸をはり、肩の力を抜く

○ヘソを中心に力を入れる感じで腹筋をしめる

▷2．挨拶の基本

サービスの要素は「心」と「形」から成り立っています。2つの調和がお客様の「真の満足」につながります。心を表わす基本は挨拶の形から（2ページ参照）。

▷3．歩き方……上半身は正しい立ち姿と同じ

立ち姿

○足音を立てない（靴を引きずって歩かない）、大股で急いで歩かない（学生歩き、猿歩きにならない）

○踵を強く地につける足運びにならないようにし、つま先を先につける気持ちを持つ

○軸足の膝を伸ばす

▷4．椅子に座る姿勢と立つ要領

○椅子から5〜6cm離れて正面に立つ

○腰をおろす前に、左右どちらかの足を一歩引く

○ゆっくりと腰をおろし深めに座る。その際、女性はスカートのすそを軽くさばく

○背もたれに寄りかからない程度に腰をつける。足をそろえる

○足は右または左にそろえて流してもよいが、基本は正面

○手は前で軽く組む

○椅子から立つときは、立つ前に右または左足を一歩引く

○上半身はまっすぐに保ち、立ち上がる。引いた足を元にもどし、踵をそろえる

○手は前に組んだまま

３．相手によい印象を与える態度

▷１．控えめな印象を与える態度

○声高にならない、早口にならない、大声で笑わない……〈反対は下品な印象を与える〉

○大股で歩かない、足音を立てない、急がない……〈反対は下品な印象を与える〉

○腕組みをしたり、後手に組んだりしない……〈反対は不遜な印象を与える〉

○人と話すときに相手を指で差さない……〈反対は不遜な印象を与える〉

▷２．相手の動線に配慮した行動、美しい所作

○お客様とすれ違うときは、相手の動線を避けて、立ち止まり軽く会釈する……〈礼儀正しい印象〉

○曲がり角、部屋の出入口では常に神経を配り、ややゆっくりした動作を心がける。ぶつかりそうになったら、「失礼しました」と一言詫びる……〈細かな気配り〉

○急に立ち止まったり、一点に集中するあまり背後の状況に無頓着にならないよう五感を働かせる……〈細かな気配り〉

○会話中の人にいきなり話しかけない。とくに接客中の人へは決して話しかけてはならない……〈無礼になる〉

○お客様の頭越しに会話してはならない……〈無礼になる〉

⬭ 3．相手に向き合ったときによい印象を与える所作

○正対する……〈誠実な印象〉

○胸をはり、背筋を伸ばした姿勢を保つ……〈信頼感〉

○頭をむやみに振ったり、上体を揺らさない……〈誠実な印象〉

○指先、膝、足元には常に神経を払い、ゆるみが出ない緊張感を意識する……〈キリッとした印象〉

○物を指し示すときは、指をそろえた手の平全体で指し示す……〈丁寧な印象〉

○方向を指し示すときは、指をそろえた手の平から肘までをまっすぐにして、かつ脇をしめて、体の幅からはみ出ないようにする……〈エレガントな印象〉

○物を手渡すとき、または受け取るときは両手で行う……〈丁寧な印象〉

○物を提供するときは、相手に物の正面がくるように物の向きを変えて提供する。物をテーブルに置くときは、音を立てずに置き、指をそろえて少し相手のほうに押す……〈丁寧な印象〉

○物を拾うとき、あるいは床を拭くときなどは膝を折り、腰を落として体の側で作業する……〈エレガントな印象〉

⬭ 4．相手に丁寧で敬意を払われているという印象をあたえる所作

○物を手渡すとき、または受け取るときは両手で行う……〈エレガントな印象〉

○物を手渡したり、差し出したりするときは、相手に物の正面が来るように、向きを変える……〈丁寧な印象〉

⟩ 5．エレガントに見せるコツ

○ 2つ以上のことを同時にしない

○ 動作は一度止める、そしてゆっくり大きく

>>　エレガントさとスピードとの兼ね合い

例：「おはようございます」と言ってから、ゆっくりとお辞儀
　　をする

>>　同時にするより丁寧で優雅な印象になる

4．接客マナー

⟩ 1．廊下での案内

○ 来客の1、2歩前を歩いて誘導

○ 常に後ろの来客への気配りを忘れない

○ 進行方向を示すときは、指をそろえて手のひらを斜めに

○ 曲がり角は立ち止まって振り返ってから案内する

　「こちらでございます」

○「ございます」くらいで相手の目を見る……〈丁寧さの表現〉

⟩ 2．ドアの開き方

〈**手前開き**〉

○ 取っ手に近いほうの手で開ける

○ ドアの後ろに立って案内

○ 後ろ向きになってドアを閉める

〈押し開き〉

○ドアを開けて先に部屋に入る

○「どうぞ」と案内する

○頭だけ出さずに、体半分くらい見える位置に立つこと

3．椅子のランク（上位から順に）

ソファ ＞ 背もたれと肘掛けのある椅子 ＞ 背もたれはあるが肘掛けのない椅子 ＞ 背もたれも肘掛けもない椅子

4．応接室での席次

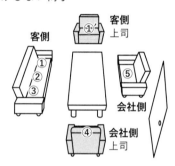

○お客様が1人の場合

　長椅子の中央に（図内の②）

○お客様が3人の場合

　長椅子の順（図内の①②③）

5．車内の席次

＊ドライバーはドアを開け、乗りやすいようにドアを押さえたまま社内に案内する（頭上に注意）。挨拶の言葉とともに一礼をする

自家用車でオーナーが運転する場合

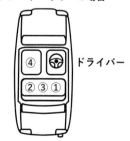

タクシーやハイヤーの場合

6．エレベーターの乗り降り（安全のための動き方）

○エレベーター係がいる場合は、乗り降りともお客様が先

○自動運転で来客が１人のときは、お客様が先

○お客様が２人以上のときは、「失礼します」と声を掛け自分が
先に乗ってから「どうぞ」と案内する。降りるときは「どうぞ、
お先に」と声を掛け、自分は最後に降りる

5．話し方について

1．常に気をつけなければならない話し方のクセ

○区切りの語尾のばし
例）「わたしー、ご案内しようと思ってー」

○相手に合意を強要する言いまわし
例）「〜じゃないですか」「そうでしょう」

○声高に話す、早口でしゃべる、大声で笑う

2．正しい話し方を身に付けるために

○テープレコーダーを買って、自分の話し方の癖を知ること

○骨組みを紙に書き出す

○聞き手と共通の話題を盛り込み「共感の場」を持つ（土地柄の
ことなど）

○初心者は一様に話し方が早すぎることを認識すること
　　≫　意識してゆっくりと話す

○「間」をとる練習……「えー」「あー」「あのー」を飲み込むと、

それが「間」となる

○五・七・五の文章構成になるように、または言葉の区切りを話
　の内容が聞きやすくするように留意すると心地よく聞こえる

○自分の言葉で話す

POINT

外国人という呼び方について

　日本人は自国の人以外を「外国人」と言いますが、この音の響きは外国の
人には不愉快に聞こえるそうです。下記の呼び方にしましょう。

　外国人を「外国の人」、中国人を「中国の人」、タイ人を「タイの人」と、
間に「の」を入れて呼ぶだけで対人関係がスムーズにいくのです。

洋食のマナー

1．手荷物

　コートや大きなバッグは、レストランやホテルに入ったときに預かってもらう。

2．着　席

○ハンドバッグは、椅子の背もたれと背中の間に置く。置けないときは、テーブルの下に置く。S字型のバッグハンガーを用意しておくと良い。小さなバッグでもテーブルの下に置く

○テーブルにつくときは、椅子の左側から座る。ウェイターが手助けしてくれる

○テーブルナプキンは、飲み物が注がれるまでに二つ折りにして膝から手前に置く（折り山が向こう）

○食べ物は左側から、飲み物は右側からサービスされるのが普通。サービスされる際には、上半身を少し反対側に傾ける

3．テーブルマナー

○ナイフとフォーク、スプーンは、料理の順番に外側から使う

○皿の向こう側はデザート用ナイフとフォーク、スプーン。手前から順に使う。コーヒー用スプーンは小さめ

○バターはバターナイフで必要な分だけ取る。フタは開けたまま

で良い。パンにはバタースプレッダーが付いているので、パンをちぎって塗る

○ ナイフやフォークをテーブルの下に落としたときは、ウェイターに拾ってもらう。自分で拾わないこと。ウェイターに用事があるときは、小さな声または目立たないしぐさで呼び、終わったら「ありがとう」を忘れずに言うこと

□ **セッティング**

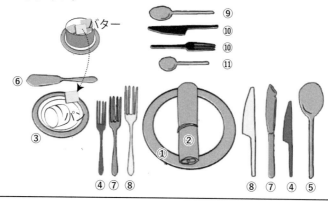

①位置皿
②ナプキン
③パン皿
④オードブル用ナイフ、フォーク
⑤スープスプーン
⑥バタースプレッダー

⑦魚用ナイフ、フォーク
⑧肉用ナイフ、フォーク
⑨デザート用スプーン
⑩フルーツ用ナイフ、フォーク
⑪コーヒー用スプーン

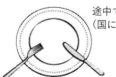

途中で離席するとき
（国によって少し異なる）

食べ終わったとき

□オードブル

　オードブルの前に「アミューズ（ギュール）」といった簡単な「おつまみ」的なものが出ることもある

□スープ

○スープは、<u>音をたてないように飲む。すくいすぎないこと</u>

○スプーンをくわえるように飲むのは良くない。<u>口の斜め45°から飲む</u>とスムーズに入る

○スープがこぼれないようにするには、<u>スプーンの腹をいったんスープの表面につけて</u>口に運ぶと良い

○スープボウルに残ったスープは、<u>ボウルの手前を親指と人差し指でつまんで</u>少し持ち上げ、<u>スプーンを手前から向こうに動かしてすくう</u>

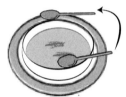

○スープを飲み終わったら、スプーンは<u>スープボウルの向こう側に置く</u>

○コンソメスープには<u>シェリーを入れても良い</u>

○取っ手付きスープボウルの場合、最初1口、2口はスプーンで、<u>後は両手で持って、直接飲んで良い</u>

□メインディッシュ

○ステーキの焼き方を訊かれたら、<u>レア（生に近い）</u>、<u>ミーディアムレア</u>（ややそれより強め）、<u>ミーディアム</u>（中くらい）、<u>ミーディアムウェル</u>（ややそれより強め）、<u>ウェルダン</u>（中までしっかり火が通って堅め）のいずれかを選んで答える

○ポーク（豚）、チキンの焼き方を訊かれることはない

○フィッシュの後、ステーキかポークあるいはチキンが出される

　＊イスラム教（中近東）は豚を食べず酒は飲まない。ヒンズー

　　教（インド系）は牛を食べない

○アントレはすべて左からカットして食べる

○チキンは骨付きの場合、手を使って直接口に運んでも良い

○魚は頭が左向き、腹が手前に皿にのせられている

POINT

魚料理の食べ方

①最初に背ビレ、腹ビレ、骨を注意深く取り除き、身の向こう側にまとめて
　置く。骨の上側の身を食べる

②骨が口に残ったら、テーブルナプキンでちょっと口を拭くようにして取る。
　ナイフやフォークにのせて皿に戻さないこと。指を使って出した場合、指
　はティッシュで拭く

③魚用のナイフはソースをすくうのに使える。そのまま口に運んでも良い

④上側の身を食べ終わったら、頭と背骨を下側の身からはずし、身の向こう
　側に置く。　＊魚をひっくり返さないこと

□**パン**

○食べる分だけちぎって口に運ぶ。パンは口の中をきれいにする
　感覚で食べる

○パンはソースをつけて食べても良い。最初に食べすぎないよう
　に注意する

○パンの粉を出さないようにするには、中だけを食べると良い。
　パンくずは後でウェイターが専用の道具できれいにしてくれる

□**サラダ**

　アメリカ式の場合、アントレの前にサービスされる。ヨーロッパ
式の場合はアントレの後

□塩・コショウ

○テーブルにない場合は、ウェイターに頼めば出してくれる

○料理が出された後、<u>食べる前から塩・コショウをかけない</u>こと。
　大変失礼になる

□グラス

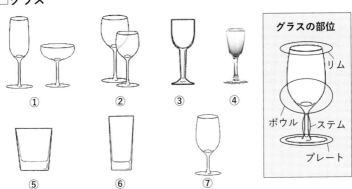

①シャンペングラス　　④リキュールグラス
②ワイングラス（赤と白）　⑤ロック用タンブラー
　白は赤より小さめ　　⑥水割り用タンブラー
③シェリーグラス　　⑦水用ゴブレット

□ワイン

○テイスティングは主賓がする。ＯＫが出ればウェイターは、その他の人にワインを注いだ後に主賓のグラスに注ぐ

○グラスをテーブルに置いたまま注いでもらう
　＊ワインはグラスのふくらみのところまで注ぐ

○グラスの脚の部分を持って飲む

○口紅がグラスに付いたら指で拭き、指は自分のティッシュで拭く

＊テーブルクロスを使って拭かないこと。口紅ははけ塗りするか、ティッシュで押さえておくと付きにくい

○口の中に食べ物が残っていない状態で飲む

○ステーキ、ポーク、チキンには赤ワイン。魚、フォアグラには白が合う。しかし好きなほうで良い

□テーブルナプキンについて

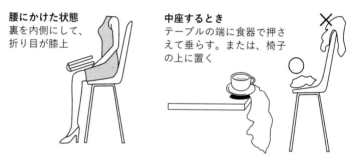

腰にかけた状態
裏を内側にして、折り目が膝上

中座するとき
テーブルの端に食器で押さえて垂らす。または、椅子の上に置く

食事が終わった後のナプキンの置き場所

○テーブルの上に、きれいに折らずに自然に置く

×ナプキンの端を揃え、きれいに畳んで置くと、「この店にはもう来ません」を意味する

▷ 4．ワインの知識・・ブドウの代表的な品種

白……シャルドネ、ソーヴィニヨン・ブラン(仏)、リースリング(独)、アイレン（スペイン）

赤……カヴェルネ・ソーヴィニヨン（仏）、ピノ・ノワール（仏）、メルロー（仏）、ジンファンデル（米）、ガルナッチャ（スペイン）、シラーズ（豪）

和の席でのマナーと知識

「懐石料理　３つの"き"：季節、食器、機微」

□会席料理

　膳料理という武家の豪華なもてなし料理をいう。いくつかのお膳に分かれた和食コース。結婚披露宴など

□懐石料理

　茶道の催しで出される食事を茶懐石といい、これを発展させたもの。料理が一品ずつ運ばれてくる

〈注意〉

○うやうやしく迎えられても「お世話になります」と一言

○べた足、すり足は禁物。畳のふちを踏まない

○酒をすすめられたら必要以上に断らない

○おいしければ「おいしい」と言って良い

１．料理が出てくる順番

①前菜 》 ②煮物椀（椀に入った汁物。これがメインディッシュ）》　③お造り（刺身）》 ④焼物（甘鯛、まながつお等）》 ⑤八寸／酒肴 》 ⑥炊き合せ 》 ⑦酢物（ご飯の前に）》 ⑧ご飯、香物 》　⑨水もの（＝果物）

2．箸の使い方

○右手３本で取り、左手３本で持ち、右手で持ち直す（箸置きは
左にある）

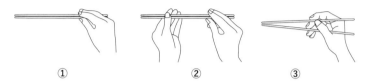

①   ②   ③

○箸をなめない、うろうろと迷い箸はしない、振らない

○<u>ひじをつかない</u>

3．蓋のあるお椀（碗）や重箱など蓋物が出されたとき

○水滴が落ちるものは上向きに置く

○右側にある椀物の蓋はその右側に置く

○左側にある椀物の蓋はその左側に置く

○水滴が落ちない重箱などは下向きに、空いたスペースに置く

○食べ終ったら蓋をかぶせて、元のように

お茶席での作法

1．お茶席での作法

　茶道を知らなくても、最低限の手順さえ知っていれば心配ありません。洋服の場合、懐紙は自分の左側か後ろに隠すように置きます。

　①茶碗を右手で取り、左手の手の平にのせる
　②茶碗の<u>正面をよけるため、右側から左に２回ほど回す</u>（時計回り）
　③一息で飲むのではなく、茶碗を掲げたまま<u>３回半くらいで飲み</u>、最後は泡状に残った抹茶を吸いこむように<u>音を立てて飲む</u>（吸いきり）
　④飲み口を<u>親指と人差し指で左から右に軽く拭く</u>。拭いた指先は懐紙でぬぐう
　⑤茶碗を<u>反時計回りで元にもどす</u>

□和菓子
　茶席では、お茶の前に和菓子がほぼ必ず出される。薄茶の場合は干菓子が多く、菓子鉢に盛られて回ってくる
　①次のお客様に一礼
　②折り山を手前にした懐紙をひざの前に置く
　③箸で取る（取り方は和食と同じ）
　④箸の先を懐紙の向こう側で拭く
　⑤菓子鉢の上にもどす ≫ 鉢を次へ（両手で）

⑥菓子は適度な大きさに（まんじゅうは手で割ってよい）

⑦使用した懐紙を1枚はいで黒文字を包む

⑧薄茶が出てくるのを待つ

2．お茶のいれ方

□煎茶のいれ方

①お湯を急須に入れる（沸騰させたものを使うこと）。次に急須のお湯を人数分の茶碗に入れて温める（お湯は捨てる）

②急須に茶葉を入れる（3人分で茶さじ2杯くらい）

③お湯を7、8分目まで注いだら、10〜20秒待つ

> **POINT**
>
> 熱湯ではなく、煎茶は80〜90℃、玉露は55℃くらいに冷まします。

④茶碗にお茶を、A ≫ B ≫ C、
C ≫ B ≫ Aの順で注ぐ

⑤茶托は重ね、茶碗とは別にして
お盆にのせる（バランス良く）

⑥両手でお盆を持ち、胸の位置まで
持ってきて、息がかからないようにずらす

⑦お茶碗を茶托にのせる（茶碗の模様が来客の正面に来るように）

□紅茶のいれ方

①熱いお湯に茶葉を入れて1分待つ

②全体をよくまぜる

③2分間待って、カップに注ぐ

冠婚葬祭で知っておきたい知識とマナー

1．葬　式

①下調べ

○いつ、どこで、どうして亡くなったか

○喪主の氏名と故人との関係

○通夜の日時・場所＝地味な平服でもかまわない

○花輪、生花、供物の可否

②焼香の作法

a‐仏　式

1）遺族や僧侶の前で一礼

2）2、3歩進んで霊前で深く一礼。故人の遺影と位牌を見つめた後、合掌

3）右手の親指、人差し指、中指で抹香を少しつまむ。目の高さまで捧げる

4）香を静かに香炉にくべる。一般的に2回。数珠を手にかけて合掌。少し下がり遺族に一礼

b‐神式の玉串奉奠作法

1）祭壇に進み出て、玉串（榊の一種）を、茎の根本を右、葉先を左にして胸の高さに捧げる

2）玉串を置く台に進み、玉串を時計回りに回し、根本を先にして祭壇に置く

3）拝礼は「2礼、2拍手、1礼」の順。拍手は音を大きく立てないこと

c - キリスト教、無宗教式献花

1）祭壇の前で花を受け取る。右手で花、左手で茎の部分を持ち、胸元に捧げる

2）花の部分が手前にくるように献花台に載せて拝礼

3）拝礼の際、キリスト教信者なら両手を組んで合掌。一般の人は拝礼、黙祷するだけで良い

〈喪服の身だしなみ〉

・ネックレス：パールの一連
　イヤリング、ピアスもパール系

・襟ぐりのあいたものは不向き
・つまった丸襟で色は黒か白

・バッグは小型で色は黒。光沢
　のない布かスウェード
・留め金やチェーンのないもの

・靴は飾りや金具のないシンプ
　ルなもの。パンプスも OK

・ロングヘアはなるべくまとめて

・アイメイクは色味のあるもの
　を控えたナチュラル

・服は黒でも光る素材はダメ。
　ウール系か混紡

・ヒザが隠れるものがベスト。
　短すぎても長すぎても良くない

・ストッキングの色は黒。サポー
　トタイプは注意

２．結婚式に出席するときは

出欠は早めに知らせます。

>> 欠席する際は返事とは別にお祝いの手紙か祝電を送る

①服　装

○平服でと言われたときは ── 白・黒以外のワンピース＋アクセサリーが無難

○披露宴の服装

昼：アフタヌーンドレス（普通丈のワンピース）

夜：イブニングドレス（ロング丈のドレス）

友人の披露宴：ワンピースにアクセサリーでかまわない

和装：中振袖か訪問着。アクセサリーは不要

②受　付

○「新婦の友人の〇〇です（と申します）。お祝いのしるしでございます」の一言の後、祝儀代をおいて、記帳する

○親族に対しては、「おめでとうございます。本日はお招きいただきありがとうございます」

○受付側の対応……「ご出席ありがとうございます。恐れ入りますが、こちらにご署名をお願いします」

③スピーチ……３～５分（＝原稿用紙２、３枚程度）の内容で、具体的なエピソードを交えると良い

④禁句・談……「分れる」「切れる」「終わる」「重ねる」、異性問題、失敗談

⑤テーブルでは招待客のスピーチに注目し、仲間うちで話してばかりはマナー違反

3. 立食パーティー6カ条

①**身支度をチェック**……化粧をチェック。アクセサリーを替える。靴を履き替える

②**身軽にしておく**……大きな荷物、コートはホテルのクロークに預けておく。バッグはポシェットが望ましい

③**料理を食べるのは最小限にする**……立食は食べることが目的ではない。テーブルから離れて

④**名刺を活用**……名刺を出しやすいところに入れておく（名刺を使うと会話がスムーズに進む）

⑤**姿勢を正して**……背筋を伸ばして、美しい立ち姿をくずさないように。意外と見られている

⑥**引き際が肝心**

○1人と長時間話し込むのは禁物。飲み物の調達や化粧室への中座で切り上げる

○途中で退席してよいが、最低30分は会場にとどまる

○退席する際は、主催者や歓談した相手には必ず挨拶する

Chapter **5**

実社会に踏み出して2

——サービスとは

サービスについて

　ここでは、航空会社の接客サービスからその一部を紹介します。地上からはるか離れた上空、雲の上を飛ぶ限られた空間のなかで、お客様に不安なく快適に過ごしてもらうための接客サービスはブラッシュアップを繰り返され、広い範囲で応用できる接客サービスに洗練されたものと言えると思います。

　国内線サービスを舞いに喩えると「素踊り」になります。シンプルで難しい所作で、個性がでます。一方、国際線サービスは「娘道成寺」に喩えられます。飾りやお囃子（お酒、食事等々）といった付属品があり、手順とチームワークが必要となります。これは飲食店やデパートなどの物品販売店でも応用できます。

1．基本の接遇態度

▷ 1．笑顔について

○理想的な人間関係は「笑顔で始まり笑顔で終わる」＝「笑顔は全てに勝る」

○相手に対する善意解釈の心構えをもって、心身共に自分自身をプラス思考にしておく

POINT

シンガポールエアライン（SINAIR）の接遇
　「最新鋭の翼とやさしいおもてなし」の宣伝で知られるこの航空会社は、「目線が合ったら、にっこり笑ってアプローチ。やさしい言葉かけ」の一連の動作の定着で「機内サービス」世界一の評価を得ています。

○理想的な笑顔とは、母親の微笑みに誘われて自然に浮かぶ赤ちゃんの笑顔

○笑顔をキープすることは難しいが、微笑みのキープは訓練で出来るようになる

> **POINT**
>
> **バンコックオリエンタルホテルの接遇**（数々のサービス賞を獲得）
>
> 「当ホテルのスタッフはいつ、どこでも誰とすれ違っても必ず笑顔で目線を合わせて挨拶します。それも全員が例外なく」

▷ 2．目線について

目線合わせは、歓迎や確認の信号（存在を知ってもらった。受け入れてもらった）です。

○じっと相手を見ると相手も疲れる

〈**コツ**〉相手の目と目の間をぼんやり見る。片方の目だけ見る。
時々目線を外す

○小さい子供や座っているお客様にはかがみこんで、あるいは上体をかがめて目線を合わせる

□**サービス**　＊航空会社を例にとると

①**物的サービス** — 新しい飛行機、ユニークな塗装、機内のエンターテイメント、座席、食事、飲物、スケジュールの利便性、定時性　等

②**人的サービス** — 立ち居振舞い（笑顔、目線合わせ、挨拶）

　・先読みのアプローチ（＝お客様の一人一人へのこだわり）

　・言葉掛け、会話（お客様1人1人にあった話題）

・アイデアで対応（＝豊富な会話力）

例：

○赤ちゃんや子ども連れのお客様へのアプローチ……親への配
　慮（子どものケアをしてトイレを使ってもらう　等）

○年輩のお客様へのアプローチ……水を勧める、トイレの場合
　は案内する、旅先の話を訊ねる、温度調節に注意する　等

○観光旅行乗客へのアプローチ……旅行地の話、特産品の話、
　旅先での出来事ハプニングなどの話をする

○ビジネスマンへの対応……仕事の行き帰りを聞いて（夕方は
　帰り、朝は行き）「お疲れ様でした。仕事はうまくいきまし
　た？」「これからですか、ビジネスの成功（うまくいくこと）
　を祈っています」等の会話をする

○褒め言葉大作戦……お客様の服や持ち物のファッションセン
　スを「ステキですね」等の言葉で褒める。特に女性へのアプ
　ローチをしっかり（小さなプレゼントあればもっと良い）

　　≫　女性のお客様の口コミ伝達力はすごい！　恐るべし！

▷ 3．搭乗から離陸まで

　「気持ちよく迎えられたいという歓迎を期待する心理」「旅の不安
を解消して安心感を得たいという心理」は、多くのお客様に共通し
ています。笑顔でお迎えし、空の旅の始まりを心楽しく迎えていた
だきましょう。

□お出迎え

　お客様の気持ちは……今日の乗務員はどんな人たちかな？／機内
食が楽しみだな！／到着地の天気はどうかな？／揺れないかな？／

遅れないでほしいな／チェックインで随分待たされないかな／セキュリティーも時間がかかったな　等
　○お客様1人1人に関心を持って、「もう一言」のためのヒントを見つけるよう、観察しつつお出迎えをする
　○できるだけ多くの方とコミュニケーションをはかり、お客様の客層、客体を把握する
　○お客様に目線をあわせて
　○ドアサイドでは外に立ち、一歩前に出てお出迎え。客室の立ち位置も座席の案内や援助がしやすい、よく見渡せる位置で
　○表情は豊かに、はきはきと。口をしっかり開き、語尾をしっかり言うのがポイント。間延びした無表情な声は、お客様に不快感や不安感を与えてしまう

▷ 4．基本的な挨拶の言葉

　おはようございます／こんにちは／こんばんは／ようこそいらっしゃいました／はじめまして、よろしくお願いします／季節の言葉を入れた内容／おつかれさまでした

□基本的な考え方
　○大切なお客様を家に招くときの気持ちで、アットホームな雰囲気を醸す
　○お客様につかえる心構え
　○笑顔と親切な態度を保つ（必要最小限で。アイコンタクトなど）
　○タイムリーで適切なサービスを提供する。「少々お待ちください」は極力さけ、「はい、このあとすぐ参ります」等で対応
　○サービスは技術だけでなく、正確な業務知識が必要

○仕事に入る前に「心構え」が不可欠

□**基本動作**

①目が合ったら、ニッコリ笑ってアプローチ。そして、やさしく
言葉を掛ける

　　例：「何か御用はございませんか」

　　　　「御用の際には何なりとお申しつけください」

　　　　"MAY I HELP YOU?"

　　＊日本人は目が合ったりすると「恥ずかしい」という気持ちが
働き、つい目線を外しがち

② First Eye Contact と Second Eye Contact は１セットにする

　　○最初のアイコンタクト ≫ サービス動作 ≫ お客様が「あ
りがとう」の言葉とともにこちらを見る ≫ それに対して２
回目のアイコンタクトを忘れずに 「ごゆっくりどうぞ」

　　○２回目のアイコンタクトをこちらが外すと、一瞬にしてそ
のサービスは２流とみなされる

③悪い例：

　　○スタッフがお客様から見えるところで立ち話をしている

　　○おざなりな挨拶。おじぎの後、顔を上げたときによそを向い
ている

２．トラブル対応の実際

▷ １．周囲への気配り

トラブル対応しているとき、まわりのお客様は見ないふりをして

いるようで、こちらの対応ぶりを見たり聞いたりしています。

　ユーモアや機転を利かせた話し方でピンチが好転したときに（「災い転じて福となす」）、その対応ぶりに感心して寄せられる Good コメントは価値があります。

　ユーモアは大切、しかし使い方によってはクレームになるので要注意です。

○嫌なことを言われたり、お叱りを受けたときのさがり際も微笑みを忘れずに

○お客様の前から退席するとき、お客様はこちらの横顔を見ていることを忘れずに

○笑顔から真顔に急変しないこと

　≫　お客様は笑顔のあとの次の動作に移ったときのあなたの「ほお」に笑みがあるかないかを見ている

2．実践的なトラブル対応

○基本は、応対する人を変え、場所を変える

○まずは「すみません」の一言

　≫　強いコメントになるのを防ぐ効果がある。「お気に召さないことが何かございましたか」と続ける。対応後には「貴重なご意見ありがとうございます」

　＊最悪の対応は、最初から言い訳ばかりすること

○お客様の話をよく聞く姿勢を保つ。さらに意に添うように努力する姿勢を示す

○必ずメモをとる

○理不尽な要求やクレームには毅然とした態度でお断りする判断が大切

例：「規則ですから」という言葉は禁句。「皆様にそうしていただいています」、「今までそれに対してクレームされた方はおいでになりません」

○ **人を代える**……自分で判断できないと思ったときは上位職に代わる。その際、大切なことはクレームの内容と、それに対してどう答えたかを手短に正確にメモで上位職に伝えること。これを忘れると二度、三度、同じことをお客様にしゃべらせることになり、怒りを増幅することになる

○ **場所を変える**……人を代えてもおさまらないときは、人目を遮るような場所に変える

≫ トラブルの際は本人もわからないうちに大声になっているので他のお客様の迷惑になるため。また、お客様自身は納得していても、人前ではメンツをつぶされたくないという心理が働くため。相手も上げたコブシの下げどころを探している

3．サービステクニック

▷ 1．丁寧さの表現法

○ 2つの動作を同時にしない。挨拶の後におじぎをする
○ 「はい」や「かしこまりました」「わかりました」の言葉とともに会釈のような動作を随所に入れる

▷ 2．物を渡したり、提供するとき

○ お客様に物を取ってもらうようなことは極力避けて、どうして

も手が届かない場合「申し訳ありません」の一言を添えて取ってもらう

○グラスの縁に指がかからないようにする

○グラスやカップのモノグラム（正面のしるし）を相手の正面に向ける

○モノグラムのないグラスや茶器は、一度テーブルに置いた器を少し動かして相手の真正面に置く

　　》　　サービスに慣れたお客様は満足感を持たれる

3．物を受け取るとき

○必ず両手で受ける

○名刺や書類等の場合はしばらく胸の高さで保持する

4．接客用語

接客用語の基本を習得することは、「お客様」と「自分＝社員」の立ち場を明確にすることから始まります。

1．接客8大用語

○いらっしゃいませ

○（はい）かしこまりました

○ただ今すぐにご用意いたします

○お待たせいたしました

○失礼いたします

○恐れ入ります

○申し訳ございません

○ありがとうございました

▷ 2．クッション言葉

　雰囲気和らげ、お願いしやすい状況をつくり、好感度 UP につながります。
　　○恐れ入りますが（恐縮ですが）
　　○失礼ですが
　　○申し訳ありませんが
　　○お手数ですが
　　○お差し支えなければ
　　○あいにくですが
　　○せっかくではございますが
　　○ご迷惑をおかけしますが
　　○ご面倒ですが
　　○さっそくでございますが
　　○ご存じのことと思いますが

5．敬語の基本

▷ 1．4種類の敬語

①**尊敬語**……相手（話題の人、第三者）を敬い、その人の動作、状態、
　　または所有物を敬って表現するときに使う
②**謙譲語**……自分と身内側の人間（話題）の動作や状態をへりく
　　だって表現することで、相手を高めて敬意を表すときに使う
③**丁寧語**……「〜でございます」「〜です」「〜ます」等、言葉遣

いで敬意を表すときに使う

④**美化語**……「お茶」「お菓子」「いただく（食べる）」「やすむ（寝る）」等

▷ 2．間違いやすい敬語表現

○二重敬語……尊敬語に「〜れる」「〜られる」を付けてしまう

例：×「おっしゃられる」「お帰りになられる」「ご覧になられますか」

　　○「おっしゃる」「お帰りになる」「ご覧になりますか」

○謙譲語に「〜れる」「〜られる」を付けてしまう

例：×「そちらにおられますか」「いただかれますか」「うかがわれますか」

　　○「そちらにいらっしゃいますか」「召し上がりますか」「おいでになりますか」

○何でも「お」をつける

例：×「おうた」「おトイレ」「お砂場」

○間違った表現

例：①×「こちらがサラダに<u>なります</u>」

　　○「ご注文のサラダをお持ちしました」

②×「ご注文の<u>ほうは</u>よろしかったですか？」

　　○「ご注文の品は全てまいりましたでしょうか？」

③×「3,000円<u>からいただきます</u>」

　　○「3,000円お預かりします」

接客に適した表現

基本の動詞の変化		
動　詞	尊敬語	謙譲語
会う	お会いになる	お目にかかる
与える（あげる）	くださる・賜る	差し上げる
くれる	くださる	いただく／頂戴する
もらう	お納めになる	いただく／頂戴する
言う	おっしゃる	申し上げる
聞く（聞かせる）	お聞きになる お耳に入る	うかがう／承る 耳（お耳）にいれる
いる	いらっしゃる おいでになる	おる （おります）
行く	いらっしゃる おいでになる	うかがう（おうかがいします） まいる（まいります）
来る	お越しになる お見えになる いらっしゃる	うかがう（おうかがいします） まいる（まいります）
知っている	ご存知です	存じている 承っている うかがっている
知らない	ご存知でない	うかがっている わかりかねる（わかりかねます） 存じぬ（存じません）
する	なさる	いたす（いたします）
食べる	召し上がる	いただく
持って行く	お持ちになる	持参する
見る	ご覧になる	拝見する
見せる	ご覧いただく	ご覧いただく お目にかける

106

その他の言葉、表現	
わたし、会社名	わたくしども、わたしども
誰	どなた（さま）、どちら（さま）
老人	ご年配の方
子ども／子どもたち	お子さま／お子さま方
男の子、女の子	お坊ちゃま、お嬢ちゃま（さま）
太った方、やせた方	体格のよろしいお方、細身のお方
ご主人、奥さん、お連れ	ご主人さま、奥さま、お連れさま
服、着物、コート	お召し物
靴、草履	お履き物
荷物	お手回り品
すみませんが	恐れ入りますが
はい、あります	はい、ございます
そうです	さようでございます
わかりました	かしこまりました
わからないですが	わかりかねますが
頼みます	お願いいたします
後から	後ほど
言っておきます	申し伝えます（お伝えいたします）
エッ、何ですか？	はい、どのようなことでございますか
用件を聞いておきます	ご用件を承っておきます
知っていますか？	ご存じでしょうか
できません	いたしかねます
だめです	いたしかねます
なんとかしてもらえませんか？	なんとかお考えいただけませんでしょうか ご配慮いただけませんでしょうか
見せましょうか？	ご覧にいれましょうか お目にかけましょうか
どうですか？	いかがですか

どうでしょうか？	よろしいですか／いかがでしょうか
こちらへきてください	どうぞこちらへおいでください お越しください
払ってください	お支払いいただけますでしょうか
呼びかけるとき	恐れ入りますが、○○さま
急がせるとき	恐れ入りますが、お急ぎいただけますでしょうか
待たせるとき	恐れ入りますが少しの間お待ちいただけますでしょうか お時間を頂戴できますでしょうか
承諾のとき	はい、かしこまりました はい、承りました
お客様の用事を承知しているとき	はい、承っております
断るとき	申し訳ございませんが、～いたしかねます
ものを尋ねるとき	失礼ですが、～でいらっしゃいますか
依頼するとき	恐れいりますが、～お願いできませんでしょうか
即応できないとき	ただいますぐにはわかりかねますので、調べましてお返事いたします
知っているとき	存じております／承っております／うかがっております
知らないとき	わかりかねます （残念ながら）存じません
聞き返すとき	もう一度おっしゃっていただけませんでしょうか
相手の意思を聞くとき	いかがですか
相手の意思に賛成するとき	おっしゃるとおりです
相手の意思通りにならないとき	申し訳ございませんが、～いたしかねます
手数をかけたとき	お手数をおかけしました
注意を促すとき	お気を付けください／ご注意ください

気に入りましたか	お気に召しましたか
買う	お買い求めになる／お買い上げになる
安い、割安	お値打ち／お買い得／ご優待

事務所用語	
何の用ですか	どのようなご用件でしょうか
(担当者が) すぐきます	すぐまいります
今、席にいません	(申し訳ありません) ただ今席を外しております
わかりません	存じません／おこたえしかねます
その件、知っていますか	その件、ご存知ですか
山田部長いますか	山田部長はおいでになりますか（ご在席ですか）
帰ったら言っておきます	帰りましたら伝えます　＊「お伝え」の「お」は間違い
営業部に聞いてください	(お手数ですが) 営業部で「お」確かめください　＊「お」を入れる
どこに行きますか	どちらへお越しですか
部長、社長が呼んでいます	部長、社長がお呼びですよ
これを見て欲しいのですか	(すみませんが) これに目を通していただきたいのですが (いただけますか)
佐藤部長がそう言っていました	(お客さまに対して) 部長の佐藤がそう申しております (ました)

6．安全について

▷ 会社が日頃から安全について訓練しているか否か

　航空会社にとって、安全を保ち続けることは絶対的な存立条件です。会社によって、仕事の業種によって、さまざま条件の違いはありますが、「安全」「安心」への姿勢は共通すると思います。

　ここでは航空会社を例にとりますが、職場に合わせて参考にしてください。

①基本（マニュアル）に忠実であること

②情報の共有。自分だけでなくその業務に関係している人皆が基本に忠実（守る）であるかを確認する

　＊相互確認＝ CRM（Customer Relationship Management）

　　≫　事故を未然に防ぐ

③危機予知能力、危機管理能力を活かす

　○普段と違う、何かがおかしいといったことを感じたら明らかになるまで調べる

　○安全が損なわれることが起こっている、または危機が起こってしまったとき、それをいかに最小限にとどめるかを瞬時に判断する

④安全を保つための対策、設備体制は完璧でなくてはならない

⑤安全用品に関する正確な知識

7．安心について

　お客様の安心感は、その会社の信頼度、信用度が高いか低いかに

かかっています。それは言葉ではなく、安全に責任を持つ側（航空会社）の実績の積み重ねによって得られるものです。

□客室乗務員（キャビンアテンダント）の場合

○安全保持のための意識を常に持つこと

　例：「あれっ？　いつもと違う」と思ったら原因を調べる

○安全用機材に関する正確な知識と使い方を熟知しておく

<u>○もし、事故が起こったらどう対応するかをイメージトレーニングしておく</u>

○「笑顔」をはじめとするサービス要員としての基礎をしっかりと身につけ、発展させる（メモ等をして経験の積み重ねをする）

○臨機応変な対応

○情報の共有

□グランドスタッフの場合

○信頼度を高めるために業務全般にわたる正確な知識をもつ

○必要に応じ、的確に知識が引き出せる

○「笑顔」をはじめとするサービスの基礎を身につけることで信頼感の持てるスタッフを表現できる（「分かりました、おまかせください！」）

　通常業務はできて当たり前。トラブル発生時にどれだけ的確に処理できるかにかかっています。

　日本では古くから「トラブルを起こさないことこそ危機管理」と考えられていますが、米国では「トラブルは起こってしまうもので、それに最善の対応をすることこそ危機管理」ととらえられています。

歩き方について

　福岡市の繁華街・中洲にかかる橋の上での出来事。私が中洲に向かって橋を渡っていると、向こうから初老の男性が歩いて来られました。

　中肉中背のその人が、背すじを伸ばし、肩を揺らさず、すっとのばす足運びをされるのを見て、この人はただ者ではないなと思いました。すれ違うときに軽く会釈すると、その人も軽く会釈を返し通り過ぎていかれました。私はそのとき、改めて、美しい歩き方はその人を大きく見せ、さらに内面性の高さをうかがわせるものだと実感しました。そのときのことは今でも忘れられません。

Chapter **6**

夢と幸せを
　　つかむ

夢を持つことが生きる原動力となる

　夢を大いに語ることで人生がうまくいくことがあります。生きがいのある人生とは夢を持つことからはじまります。

○あなたの夢は？
○夢を持つことは若い人に与えられた特権であるにもかかわらず「夢なんかありません」と言う人が多い
○一方で「もっと人生を楽しみたい。生きがいのある人生を生きていきたい」という願望はある
○夢を持とうと決心して、２〜３カ月かけて考える
○夢を具体的に描くことから幸運を引き寄せることができる

▷ **幸運を招くための法則**

１．夢を持ち、その夢を信念にまで高めることによって目的を達成し、幸運を引き寄せることができる
○「有言実行」と夢を書いて壁に貼ることにより常に確認する
○意識の中で自分に言い聞かせる。「お金持ちになっていい服を着るぞ」「お金持ちになってうまいものを食べるぞ」「お金持ちになっていい車に乗るぞ」等
○たまにそれを声に出す

２．夢を３つのポイントにそって描く
○いつまでに（何年後）実現するか長期的な期間を限定する
○何をする、何をしていくかのステップを描く
○そのために今は何をするか、１年間など短期目標を設定する

3．信念が備わってない夢は挫折する

　○虚栄心から生まれた夢は途中で挫折することになる

　○他人の夢をマネした夢は途中で挫折することになる

4．その過程で口ぐせにしてはならないのは「やっぱりダメだ」 「しょせんムリだったんだ」

　＊うまくいかないことがあっても継続することがポイント

▷『「夢」実現脳の作り方』から

『努力はいらない！　「夢」実現脳の作り方』苫米地英人 著

〈カーネギーメロン大学博士、脳機能学者〉、2008、マキノ出版）

　この本では米国発・最強の自己啓発プログラム「PX2」を紹介しています。この理論は研究室での解析が充分に進められてしっかりとした根拠に基づいており、全米のトップランキング企業500社の内6割（300社）の企業研修に採用されています。著者は「PX2プログラム」（その権威ルー・タイス）の日本向けプログラム再構築に関わっています。

　この本に出てくる専門用語（コンフォートゾーン、ホメオスタシス、ストコーマ）について下記に要約します。

○夢を設定するときに、本人の視野が狭かったり、現在の能力に満足しているがために、とかく実現しやすいことを選ぶことになる（盲点＝ストコーマ）。これを防ぐために自分と夢実現の間のギャップをしっかり認識すること

○「自分は今、夢に向かって行動し始めている。達成できたらいいな」とい　≫

> 》
> うコンフォートゾーンに入るが、このとき、心の隅にある「このままで
> もいいのでは？（ホメオスタシス＝恒常性維持機能）」が脳に浮かぶ。一
> 方で「いや、このままでは自分は満足できない。孤独で楽しい時間が少
> ないが、努力しているこの時間が多いほど、自分は夢に向かってつき進
> んでいる」という気持ちになる。努力の結果が以前より上がると、ます
> ます「日々充実している」という考えが身につき、夢に近づけば近づく
> ほど、脳がコンフォートゾーン（満足感）を覚えてそこに戻りたくなる。
> さらにそこにいることが楽しくなり、それによって努力をするという意
> 識はなく、夢実現がかなえられる

　日常的にこうしたポジティブなセルフ・トークを続けていれば、
必ず自己イメージがよいほうに変わります。

○ **人生の棚卸しリスト**（＝スタート地点としての現在を把握する）
　①自分と自分の人生について現在、満足していないこと、変えた
　　いと思うことは何か？
　②満足しているのはどんなところか？　続けたい、もっと増やし
　　たいと思うのはどんなことか？
　③何を心から楽しんでいるか？　何を嫌っているか？
　④望み通りの人生を送れるとしたら何をやってみたいか？
　⑤失敗しないという保証があれば何をやってみたいか？
　⑥死ぬ前に経験したいこと、やり遂げたいことは何か？
　　何をやってみたいか？　次の10年なら、5年なら、1年なら？
　⑦自分の長所、短所は？

　この作業により、ゴールに向かって何をすれば良いのか、わから
なかったことがいくつか浮かびあがってきます。

人生を楽しく生きるために

1．マイナス思考に陥らないようにするには

　下記の「口ぐせ」や思考習慣をしないように気をつけましょう。

　「最近疲れちゃった」「ああ、イヤだイヤだ」「何をやっても面白くない」「世の中つまらないことばかりだ」「なんだかむなしい」

　このような「口ぐせ」が出るのは目標を失っているからであり、幸運はどんどん逃げていきます。こういうことが「口ぐせ」にならないようにするためには、下記のことを心がけましょう。

□円満な人間関係を心掛ける

　気が合わない人、自分に意地悪をする人「この人ちょっと付き合いづらそうだな」と思える人に対しても決して腹を立てないこと。

　》　うけながしてしまうこと

　》　そういう人もいるんだと考える

□できないことを「できない」と断れる人になる

　いい人になりすぎると人に振りまわされ、自分の人生を見失うことになります。

　○自分を好きになること。言い方さえ間違わなければ悪い印象にならない

　○人生は時間の積み重ね

　　》　人の機嫌を取るよりも、自分の時間、人生を大切にする

　○地位や肩書きがなくても、人生を楽しめることを探す

○ 虚栄心を捨て、もっと自分自身に正直に生きる

　　≫　　自分自身にウソをつかない

○ 好きな仕事に熱中する

○ 自分にはすばらしい将来が待っていると信じる

○ 自分がダメなところ、劣っているところを好きになる

2. 「幸せを呼ぶ言葉」と「不幸を呼び込む言葉」

マイナスイメージの言葉	幸運を引き寄せる言葉
「もうだめだ」「おしまいだ」 「もう堪えられない」	「これからが本番だ、面白くなってきた」
「苦しい、悲しい、つらい」	「楽しい」「すばらしい」「うれしい」
「万策つきた、もう可能性がない」	「可能性はまだある、まだまだ大丈夫」
「自分はツキがない」	「自分は運が強い」

□言い訳ばかりをしている人はうまくいかない

　幸運は人から好かれる人のところへやってきます。人に悪い印象を与えてしまう人は幸運から見放されてしまいます。前向きな気持ちが幸運を呼び込み、後ろ向きな気持ちが不運を招きます。

不運を招く言葉	不運を避けるには
「ですが、しかし」	これらの口癖をやめる
悪いのは自分ではない	これらの言葉を使うのをやめる
たら　れば	後ろ向きな気持ちを取り払う

不運を引き寄せてしまう口グセ	幸運を引き寄せる言葉と思考
心配だ　心配だ（心配性）	悪いことなど起こるはずがない
不安でしょうがない	「いいことが起こるに決まっている」
うまくいかなかったらどうしよう	「よし、やってみよう」「なるようになるさ」

3．幸せに生きていく人になるために

□プラス思考をする人の考え方やよく口にする言葉

○発想の転換を身につける

一般的にあまり好ましくない出来事が起こったとしても「こう思えばいいじゃないか」という考え方をする

≫ 「いい出来事」「楽しい出来事」「役に立つ出来事」になる

○これはいいチャンスだよ

「好ましくない出来事」、「不運な出来事」があってもなんとか良い出来事ととらえられないか考える

○ありがたいことだ

試練と思われるような出来事についても、「ありがとう」という発想からはじめて対応を考える

□楽天的に生きるコツ

○人の目を気にしない

外見は気にしても、内面的なことについては人の目を気にしない。自分のことを「あの人はこう思っているのでは」というような考えをしない

○「いいこと」だけを見つめる

愚痴や不満や世の中を悲観することはしない

○何事においても人事を尽くしておく

やりたくなくても、「イヤイヤながら」でも、しなくてはならないこともある。その上で、楽しいこと面白いことを優先させて生きる。「イヤイヤながら」の行動は後まわしにする

○将来をあれこれ心配しない。しかしシンデレラにはなるな

○悪いことは起こるはずがないと考える

□ **リフレッシュするために**
　○勉強や仕事のことを忘れて休養日（時間）をつくる。「さあ休むぞ」「さあ遊ぶぞ」の「口ぐせ」を時々する。「ノンベンダラリ」は効率が悪い
　○趣味を見つけ、笑いのある「遊び」をさがす
　≫　「笑う門には福来たる」となる

4．思考習慣と「口ぐせ」

①上昇思考 向上心と探究心	やってやるぞ。がんばるぞ。 今に見ていろ。よし、もう一歩前へ。 もっともっと。
②可能思考 希望を持ち、積極的に	できるんだ。あきらめない。どうにかなる。 さあ、これからだ。きっとうまくいく
③行動思考 果敢に行動する	とにかく動いてみよう。やってみよう なせばなる。当たって砕けろ。 行動あるのみ。
④楽観思考 悲観的にならずプラスに	大丈夫、心配ないよ。クヨクヨしない。 必ずいいことが起こる。
⑤自愛思考 自分の生き方を大切にする	自分が好きだ。私って捨てたもんじゃない。
⑥尊重思考 他人の人生感や考え方を大切に	その通りです。ごもっともです。 なるほどよく分かりました。 あなたの意見に賛成です。 あなたに譲ります。
⑦貢献思考 人に喜びを与えて貢献していく	ありがとう。おかげさまで。お先にどうぞ。あなたのために。愛しています。

COLUMN　4

天の運　地の時　人の和

「天の運、地の時、人の和」。これを説くとなると各項目ごとに一冊の本になる程の命題ですが、ここでは端的に説明します。

「天の運」

どこか占いの用語のようにも聞こえますが、地球を取り巻く自然の変化や宿命や運命という形で身近にあるものです。どの国に生まれ、どの親に育てられたかという宿命的なことがある一方、自分の努力次第で変えられる運命もあります。

「地の時」

自分の人生に起こる自然環境の変化（最近ではコロナ禍、地球温暖化など）と経済環境の変化（インフレ、デフレ、経済緩和・引き締めなど）、政治的な東西対決（軍備拡張、同盟、制裁など）など、刻々と変わる状況や環境にどう対応するか。それによって、自分の環境をどのようにすれば良くしていくことができるか。「忍び寄る危機を予知する用心」や「起こった事故や事件、失敗」にどう対処するかを日頃から考えておくことによって、身のまわりに起こる諸問題に最善の対処ができることになります。

≫

≫
「人の和」

特に近年、人とのコミュニケーションや国家間のコミュニケーションが強く求められています。1人1人が自分から積極的に行動し、情報の交換、相互援助について日頃から考えておくこと、さらには周りの人に関心を持ち「思いやり」が普段から行われることが理想と言われています。

具体的には、社会奉仕（＝ボランティア）への参加などが挙げられるでしょう。「人の和」を実践することにより「良いこと」や「助かること」が自分自身にも返ってくる。これらのことは面接対応としても役に立ちます。

「運」「時」「和」が3拍子揃ったときに願望や夢が突然、叶えられることになるのです。従って、今、実現していない人も「NEVER GIVE UP（決して諦めない）」の気持ちで頑張っていればいつか、その日が来るのです。

Chapter **7**

社会人の本棚

私の推薦図書

　ここでは、社会人になる（なった）人に読んでいおいてほしい本や DVD を紹介します。私なりに要点を抜き出したので、参考にして原文を読んでください。

□ 『**国家の品格**』（藤原正彦、新潮社、2005）

　著者の藤原正彦は数学者、お茶の女子大名誉教授であり、エッセイスト。小説家・新田次郎と藤原ていの次男。

〈**私の要約**〉

○論理より情緒

　論理には出発点が必要。そしてその出発点は常に仮説。だから論理は論理だけで完結しない。正しい論理を選ぶためにも論理以前の総合力＝情緒が重要なのである。人の心、自然を慈しむ心（神の存在）等。

○大事なことは押しつけよ

　曖昧な白黒はっきりしたがらない風習。本当に大事なことは子どもが幼い頃から押しつけないといけない。たいていの場合、説明は不要。はじめになにかの基準を与えないと子どもは身動きがとれない。

○たかが経済

　真に尊敬されるのは貧しくても「品格ある国家」。中国に見られるように GDP は上がっても国民のマナーに代表される品格が高まるものではない。GDP が多少良くなったところで、何だと

いうのだろう。「たかが経済」という視点は絶対に忘れてはならない。

○日本は「異常な国」であれ

　日本は有史以来ずっと「異常な国」である。遠くの国はもちろん近隣の国ともまるで異なった国。これからも「異常な国」であり続けるべき。

○国民が戦争を望む

　冷徹な事実をいうと、過去はもちろん現在においても「国は永遠に成熟しない」もの。政権交代や国も隆盛も時代とともに変わる。国民や世論を過信すると国を誤る。ヒトラーを生んだのも民主国家だった。

○日本人は独創的

　単一民族であり、国交がほとんどなかった150年前まで鎖国し、ある種、無宗教であるが奇跡の発展を遂げた。

　精神性、美、ひざまずく心。天才がたくさん生まれてくる国は必ずこの3つの条件を備えていた。これは日本にもあてはまる。

　日本人は極めて独創的な民俗である。28人ものノーベル賞受賞（物理、化学、文学、平和）（2021年現在）を輩出している。

○英語より国語

　英語を小学校から教えることは、日本を滅ぼす最も確実な方法。ものごとは優先順位がある。まずは内容が先。そして内容を鍛えるには「国語」を徹底的に固めるしかない。

□『羊の歌　―わが回想』（加藤周一、岩波新書、1968）

　『言葉と戦車』（加藤周一、筑摩書房、1969）

　加藤周一（1919 – 2008）は評論家、小説家、医師であり、上智

大学、イェール大学、コロンビア大学などの教壇に立ち、その著書は英、仏、伊、独語に翻訳されている。「知の巨人」と称され、戦後の日本に大きな影響を残した。

〈私の要約〉

○あれほど欧米を批判していた（鬼畜米英、軍国主義）国家が戦争で負けた途端に民主主義一辺倒になれるのか。

○雑種としての考え方を取り入れていかない限り、日本の将来はない。日本人は単一民族で「こだわり」と「自己」を主張したがるが、これからはこれではない。そうしないと日本の将来はない。

○団体には、（弾圧などにより）個人というものがなく、集まって同じ行動をする団体と、個々人の考えがしっかりあって団体を組んでいる場合とがある。日本は前者？

○戦後世代に戦争責任はない。戦争を生み出した文化は引き継いでいるわけで、それを未来に引き継がないような行動をしなければならない。戦争反対という言葉を口にさえも人はしない。腰が引けている。

○だんだんに組織の力が強くなっていく、逆に個人の専門化、全体とし人間に行き先を示す人がいなくなっている。判断がなくなってきた。

○明治維新後、非人格化、非個人、非人間化して軍が力を持ってきた。そういった思想的支配をしてきた。

○それに反論することにより、その支配を打ち砕くために議論をしてきた。そのためには、事実認識が必要。何が起こっているのかをしっかり知る必要がある（戦う前に何が相手か、だから

どうしようか　等）。

□「**NHK DVD ハーバード白熱教室**」**全6巻**（**講義 12 回**）（マイケル・サンデル、早川書房、2010）

　マイケル・サンデルはアメリカの哲学者、政治哲学者、倫理学者。ハーバード大学教授。ブッシュ元大統領の「生命倫理評議会」の委員を務める。コミュニタリアニズム（共同体主義）の代表的論者。『これからの「正義」の話をしよう』は世界的ベストセラーになる。著書（DVD）に『これからの「正義」の話をしよう』（早川書房、2011）、『日本で「正義」の話をしよう』（早川書房、2010）、『それをお金で買いますか』（早川書房、2014）などがある。

〈**講義の一部から**〉
○旧自民党は変わるのか、あるいは新しい政治手法でいくのか。これは日本と世界の将来をも変えるものだ。
○民主主義の岐路……もっと多くの人が意見を言う状態になればもっと発展する。
○政治への不満が世界に広がっている……日本人が政治への落胆をしているが日本だけではない。
○米は最も個人主義な国。個人主義と民主主義の両立を図るべきだ。
○若者達は今、インターネットを通して、より多くの情報を手に入れることができるため、政治にもその手段を使って参加できる。それは、古い政治を変える力になれる。
○政治的課題……日本は震災を通して、驚くべきスピードで回復している。住宅を建て直すように民主主義を立て直すだろう。

○中韓問題……複雑なことについて政治家や個人が話し合っていくことが必要であり、どうすれば協力できるか道を探るべきだ。特に政治家同士の話し合いが重要だ。

私の本棚から

稲盛和夫	『**生き方　人間として一番大切なこと**』サンマーク出版、2004
	『**敬天愛人　ゼロからの挑戦**』PHP 研究所、2012
	『**利他　人は人のために生きる**』小学館、2014　他 17 冊
山中伸弥（ips 細胞発見者）関連の本	
村上春樹	『**ノルウェイの森**』講談社、1988
	『**ねじまき鳥のクロニクル**』新潮社、1994
	『**1Q84**』新潮社、2009
	『**色彩を持たない多崎つくると、彼の巡礼の年**』文藝春秋、2013
白取春彦(訳)	『**超訳 ニーチェの言葉**』ディスカヴァー・トゥエンティワン、2010 ・ニーチェが書いた本（10 冊）のを部分的に翻訳
岩崎夏海	『**もし高校野球の女子マネージャーがドラッカーの『マネジメント』を読んだら**』新潮社、2015 ・メインテーマは「なぜ自分がそれに気づかなかったか」→発想の転換
佐藤美由紀	『**世界でもっとも貧しい大統領　ホセ・ムヒカの言葉**』双葉社、2015 ・ウルグアイ大統領の 2012 年の国連会議でのスピーチを紹介
養老孟司	『**バカの壁**』新潮社、2003
藤原正彦	『**国家の品格**』新潮社、2005
坂東眞里子	『**女性の品格**』PHP 研究所、2006
	『**親の品格**』PHP 研究所、2007
小池龍之介	『**超訳 ブッダの言葉**』ディスカヴァー・トゥエンティワン、2011

日野原重明	『いのちの絆　ストレスに負けない日野原流生き方』ダイヤモンド社、2009 ・聖路加国際病院元院長、105歳まで生涯現役（2017年没）
野口嘉則	『心眼力　柔らかく燃えて生きる30の智恵』サンマーク出版、2008 ・生きる上で役に立つ30のメッセージ
瀧本哲史	『武器としての決断思考』星海社新書、2011
春山茂雄	『脳内革命　―脳から出るホルモンが生き方を変える』サンマーク出版、1995
鎌田實	『がんばらない』集英社、2000
	『あきらめない』集英社、2006
中野孝次	『清貧の思想』文春文庫、1996 ・「貧して礼節を知る」
渡辺和子	『置かれた場所で咲きなさい』幻冬舎、2012
苫米地英人	『努力はいらない！　「夢」実現脳の作り方』マキノ出版、2008 ・「思考習慣と口ぐせ」 ・3K＝カッコいい、感動できる、かせげる→きついけど居心地がいいと思うか否か→イノベーションの発生→やる気、探究心
井上靖	『天平の甍』新潮文庫、1964
アル・ゴア	『不都合な真実』ランダムハウス講談社、2007
司馬遼太郎	『二十一世紀に生きる君たちへ』世界文化社（小中学生用）、2001
	『この国のかたち』文春文庫、1993
	『空海の風景』中公文庫、1994
	『街道をゆく』朝日文芸文庫、1978 ・国内43から欧州までの土地の風土を学べるため、行ったことのない土地で受験するとき、その土地のページを読んでおくと良い
竹中平蔵	『竹中式マトリクス勉強法』幻冬舎、2008
石井貴士	『勉強のススメ』サンマーク出版、2010 ・1冊の本を1分で読む　等
開高健	『オーパ！』集英社文庫、1981

速水敏彦	『他人を見下す若者たち』講談社、2006 ・自分以外はバカの時代 ・名古屋大学教授
劇団ひとり	『そのノブは心の扉』文藝春秋、2010
	『陰日向に咲く』幻冬舎、2008

□**近代の古典**……読んでおきたい明治・大正・昭和の文学

川端康成	『雪国』
谷崎潤一郎	『細雪』
三島由紀夫	『金閣寺』
	『葉隠入門』
幸田露伴	『五重塔』
新渡戸稲造	『武士道』
夏目漱石	『こころ』
	『それから』
	『草枕』
	『坊ちゃん』
	『三四郎』
太宰治	『人間失格』
	『斜陽』
	『走れメロス』
宮沢賢治	『風の又三郎』
	『銀河鉄道の夜』

□**航空関連の仕事に就くなら**

サン＝テグ ジュペリ	『星の王子様』 ・結婚式のスピーチによく使われる
	『夜間飛行』
	『南方郵便機』

Chapter **8**

人生を豊かにする
13 のヒント

目標について　1

〉 長期目標を設定する

　○短期で達成可能な目標以外に数年単位の長期目標を立てる

　○目先の結果を求めていては成長を望めない

〉 腰を据えて努力する

　○自分の努力（費やした時間）を味方につける

〉「熟成」を意識する

　○人は堪え忍ぶ過程で熟成する

　○本物になるためには、熟成の過程を通ったかで決まる

ひとこと

　勉強や就職も一朝一夕では完結しません。それを一刻も早く結果を出そうとあせるところに落とし穴があります。就職活動に関しては皆さんは浪人状態といえます。しかし、目標ははっきりしているので情熱を燃やしてそれに向かってぶつかっていく心構えを持てば、きっと花が咲き、実を結ぶことが出来ると思います。３社や４社の就職活動に失敗したからといってあきらめない、強い精神力を持つことを忘れてはなりません。

ヒント2 **目標について　2**

▷ **適切な目標設定をする**

○目標をはっきり決める

○目標と現実をかけ離れたものにしない

○目標設定が誤っているとスランプに陥る原因となる

▷ **目標が決まらないときは**

○闇雲に動かない

○手がかりを見つけ、じっくりと考えて、決める

○それでも決まらないときは信頼のおける人とコミュニケーションをとる

　≫　結論がでなくとも、冷静に考えることができる

○一度、目標を下げてみる（自信と気力の回復を第一に）

▷ **目標の設定と達成のために**

○情報の吸収と学習の蓄積

　≫　有効なのは読書、実地見学、その分野に精通した人との交流。最も求められるのは読書

ひとこと

次の 3 つのジャンルの本を常に読むべきです。

1. 自分を勇気づける本—成功者、人格者の名言、一日一言、

　　　　　　　　　　　　　　　　　　　　　　　　　　　≫

» 伝記、回顧録、日記などです。身近に置いて、5 ～ 10 分で
も時間が出来たときに読むと良いでしょう（座右の書）。

2．自分の目標に関連した本。

3．目標に直接関係なくても、間接的に将来いつかは役に立つ
実務教養と一般教養（文学、古典など）に関する本。

ヒント3 # 時について　1

「時間は時計ではかる長さではなく、その内容が問題である」。

　この意味は、時間の長さは「充実した意識の量」ではかられ、短い時間でも密度の濃いものであれば価値があるということです。逆に長い時間でもそこに充実した意識がなければ無駄な時間ということになります。

　現代人の必要な条件として「仕事（勉強）の時間」「家庭の時間」「孤独の時間」の３つ時間をバランスよく確保することが求められます。

▷ 1.仕事（勉強）の時間について

□仕事（勉強）をうまく処理するポイントは３つ

　①重点主義

　　仕事にとりかかる前に重要なものから順位をつける。所要時間や期日に応じて考える必要もある（弛緩順序、取捨選択）。

　②小さな時間を有効に

　　小さな時間を有効に使う。仕事（授業）の休み時間の５分間の復習や通勤（通学）時間で１日の予定決めやふりかえりなどをする。時間もお金と同じで、小さくためて大きく使う。

　③集中主義

　　自分の精神状態や体調に合った仕事（勉強）を集中的にする（頭が冴えているときに重要な仕事をするなど）。

▷ 2. 家庭の時間について

□ 家族との会話を持つ
○ 現代は家に一緒にいても家族の対話が少ない

○ 互いが話そうという意識を持たない時間は無価値

○ 親子夫婦の断絶を防ぐにはお互いにその日の出来事を尋ねる
　ことから始める

　 ≫　自ら話すことさえすれば解決することも多い

□ 対話の価値
○ 互いの意識が向き合うと「充実した（密度の濃い）意識」を
　持つことができる

○ 対話とは互いの意識を向けあう充実した時間を持つことをい
　う

▷ 3. 孤独の時間について

□ 孤独にものを思う時間を持つ
○ 自己を反省して分析し、計画し、次の行動の方向を決断する

○ すべての意思決定は最終的には自分一人でするもの

　 ≫　良い結果を生む決断は孤独に耐え、孤独に考えることか
　　　ら生まれる

○ 考える時間は、1日に10分でも良い

ヒント 4　**時について　2**

多方面に意識を向ける

○ 問題意識を持って日頃から興味の幅を広げ、気配りする

　≫　自分のストックが増えると様々な場面でひらめき、役立てることができる

○ 能率が良い、いわゆる「出来る人」は、来たるべき機会に備えている

同じ時は二度と訪れないと意識する

○ 物や空間と違い、「時」だけは再び取り返すことができない

○ 「この時間は二度と再現されない」という「時」を惜しむ意識が気配りや真剣味を生む

「時」を惜しむ意識と日頃の問題意識をかけ合わせる

○ この思考を習慣づけると、初めて訪れる場所を細部まで脳裏に焼きつけようという気になり、人に会うときもあらゆるものを吸収しておこうとする

　≫　相乗効果が表れる

ひとこと

ひと月が何時間なのかすぐに答えられますか？

　1 月＝約 744 時間　　　1 年＝約 8,760 時間

人はあなたの態度を見ている

▷ 認められる人とは

- ○「仕事ができる」、「頭がいい」だけでは成功しない
- ○義理堅さ、誠実さ、礼儀正しさなど、他に見どころがあってはじめて認められる

▷ 認められる人になるために

- ○親孝行し、先人、先輩を敬うことは、お題目のようだが、真理
- ○恩義をささやかな行為で表す
  - ≫ 世話になった方に手紙を出す、挨拶に立ち寄ったりする等
- ○<u>若いうちは突っ走るくらいの気概を持つ</u>
  - ≫ 上役や先輩を敬う気持ちと礼節があれば「生意気だが見どころがある」の評価になる
- ○理屈は理屈、仕事は仕事として行う
- ○「おはようございます」。朝のあいさつを心がけ、反応がなくても絶対に欠かさない
  - ≫ 職場や集いの場が明るく活気に満ちて始まる

ひとこと

　皆さん、笑顔の大切さを感じていますか？

　人はあなたの笑顔から真顔に変わる瞬間を見ています。ですが、笑顔を続けるのは無理！　笑顔のあとは「ほほえみ」を持続できるようにしましょう。

ヒント6　人の意見を聞く姿勢

▷ 人から意見をもらったとき

○自分の器で相手を計らない。学識や経験が違えば、理解もそれ
に応じた深さにしかならない

▷ 人の話を聞く態度

○受け入れる態勢が悪いと、チャンスを逃がす

>>　知識や見識も必要だが、心の持ちようがもっと大切である

○人の言葉に耳を傾ける際は、偏見やこだわりを持たない

>>　自意識過剰は、素直さ、冷静さ、客観的判断を曇らせる

▷ 相手に与える印象に気を遣う

○節度ある態度で、相手に与える印象を変えないように努める

○相手に警戒されないように謙虚な態度で話を聞く

ひとこと

相手の意見に反対であったり、疑問があっても、なぜ素直に
自分の意見を述べ、討議しないのでしょうか。なぜ、とことん
納得いくまで話し合おうとしないのでしょうか。心の持ち方が
素直でなければ、せっかくの言葉も無駄になります。「なるほ
ど、そうなんだ、よしやってみよう」と考え実行する。このと
き、その人は向上するのです。

名　言

◗ 名言の持つ力

○ 名言は目の前が開けてくる思い、つまり「開眼」、「気づき」の
一助となる

○ 真剣に何かに取り組んでいるときにこそ、名言が生きてくる

○ 名言から生きる力を得て、考え、行動することもある。

　≫　名言は行動への起爆剤となる

◗ 名言に出会ったら

○ 心の琴線に触れた言葉はメモして、自分なりの名言集を編む

○ 体験から得た名言を語るとき、人はキラリと光るものを感じる

ひとこと

　名言には現実の裏付けがあり、人の世の真理が語られていま
すが、それを単なる言葉として聞けば何の感動も起こらないで
しょう。

ヒント8 **お金について**

⟩ 金の貸し借りをしない

○ 親友であっても金の貸し借りはしない

≫ 親友は金の関係ではない

○ 親しい人に金を貸す場合、あげてしまうつもりで貸す

○ 友人でも男女関係でも、金がからんで結ばれた関係はもろい

○ 金を貸すことは、人間同士の信頼の問題

ひとこと

　友人との会食や飲みごと、旅行の際もお金の支払いは「割勘」にすべきです。持ち金に余裕がないと付き合えないということになりかねないからです。

　割勘のことを英語では「ダッチアカウント（Dutch account）」と言い、おごるときは「I treat you」と言います。

⟩ 金の使い方

○ 金を貯めることは難しいが、金の使い方はさらに難しい

○ 金の使い方は、その人の人柄を表す

≫ 「金は小さく貯めて大きく使え」が使い方の鉄則

○ 金を使うことは、自己と環境への投資

年代別の金の使い方

〈20代〉

○金のありがたみを知り、金を貯めようと努力する

○自己蓄積に投資する感覚が必要

　≫　月給の2割を本代やセミナーなどの教育費に投資する

〈30代〉

○月給の2割を交際費に投資する

　≫　ある程度ベテランになる年代であり、専門知識をもつ人の
　　　話の核心を理解しやすい

○20代、30代の自分への投資は40代になって数倍にも数十倍
　にも加算された利子となって返ってくる

〈40代〉

○私欲を離れて何かに打ち込む時代であり、20代のケチを通し
　ているようではスケールは小さいものになる

　＊20代のケチは頼もしいが、40代のケチは見苦しい

ひとこと

面接時の質問「初任給をもらったら何に使いますか」の答え方

　○1. ありがとうの気持ちを込めて、親や祖父母に封筒に手
　　　紙を入れてお金の一部を渡す。

　○2. 自己投資に使います。自己啓発の本を買うとか「セ
　　　ミナー」代に使う。

　×3. 預金します。　＊この回答は面接官に評価されません

実社会での教育

▶ 実社会では手取り足取り教えてくれない

○ 仕事とは何か、何を達成目標とするのか、あるいは仕事をする
過程で何をなすべきかなどといったことを考える必要がある

▶ 裁量権が責任感を生む

○ あまりに細かい指示や、小さいところまで注意されるのは仕事
の意欲をなくす

○ 自由裁量の余地から責任感が生まれ、創意工夫の余地からは人
間らしい働き甲斐を感じる

○ 裁量権を与えられると、会社の考え方と働く側の考え方がマッ
チしてうまくいく

○ 会社の基本方針を理解できず、自由な発想ばかりで働いても生
産性は上がらない

○ 新人は入社当初の訓練をしっかりと身につけ、常に反復しつつ、
思い出して業務にあたることが大切

▶ 個別的ノウハウを開発する

○ 仕事をしていく過程で個別的ノウハウが必要になる

○ ノウハウは、その仕事の担当者自らが開発するもの

○ 一般の会社でも、芸術家や職人のように「上達するには先輩の
仕事の仕方を盗んで覚えろ」

○ 自分が伸びやすい環境にすすんで身を置くことが必要

自分で考える時間を持つ

○ 人間は意志の弱い動物で環境に支配されやすい

○ 研修や特訓を終えた後は、一人でじっくり考えることが大切

○ 「明日やろう」、「そのうちに」などと思っていると億劫になる

　　≫　頭で総括する作業は終わってから早ければ早い程、短時間
　　　　ですむ

○ 一人で考える時間は 30 分で充分

　　≫　一人では難しいと思うときは、良き先輩や上司、場合によっ
　　　　ては同僚とコミュニケーションをとる

○ 教えてもらったことのエッセンスをしっかりと聞き、メモを取
　　り、その後自分でじっくり考える

○ メモを見返し、自分で考えることで、会社（職場）のポリシー
　　や目標や規則の理由や仕事のノウハウといったものが身につき、
　　会社に貢献できるようになり、意欲も出てくる

ヒント10　　**実社会での知恵**

▷ 社会的欲求と本能的欲求

○ 人間には「働きたい」、「自分の能力を向上させたい」という社
会的欲求と「楽をしたい」、「遊んで暮らしたい」という本能的
欲求がある

○ 人間は緊張し続けると疲れ、かといって長期間何もしないでい
ても、「何かしたい」という欲求を強く感じるようになる

▷ 危機感は進歩や向上につながる

○ 目標達成までの過程には不安がつきまとう

>> 　試行錯誤しているうちに危機感が生まれることがある

○ 危機感は現状否定と向上欲求から生まれるため、危機感のない
ところには進歩も向上もない

○ 現状否定とは、自己反省と刻々と変化する環境に則した的確な
行動ができているかを見極めること

○ 早稲田大学の調査によると、不安感がある程度強く、しかも意
欲が高い人ほど、目標達成率が高いという結果が出ている

信用を得るために

▷ 知識を得るだけでは信用を得ることはできない

○ 事実や実績の裏付けがないものは説得力を持たない

○ 口べたで口数が少なくても、実績のある人の言葉は自然に説得力を持つ

○ 多くの知識を持っていても、自ら実行・実践しない人の言葉を人は信用しない

○ 学んだ知識や知恵を実行する意識を持ち、実践している人の言葉は、聞く人に重みを感じさせる

▷ 言行を一致させる

○「不言実行」ではなく「有言実行」がよい

○ 実行に移すために「宣言」することも効果的

≫ 宣言すると、やり遂げるという闘志が湧き必死で努力することになる

○ 実社会でも社の目標を内外にはっきりと公言するべき

≫ 危機感を持って目標を完遂すると世間の評価はさらに高まる

ひとこと

　資生堂の社長が宣言して社員のノルマ制を廃止し、サービス向上で売り上げを伸ばしたという例もあります。

　言行一致は個人にも組織にも不可欠な向上の条件なのです。

ヒント12   交　友

真の友となるために

○「真の友」とは心と心でつながれた友である

○独立しつつ人格の高め合いがなされるときに友情は成立する

> 友達になりたい、相手の好意を失いたくないからといって
> 自己（個性）を隠そうとしないこと

○友の喜びを本当に自分の喜びとすることができれば、真の友人
関係となる

○真の友を作り上げるためには相手に対する寛容（許す心）と尊
敬の念が必要

友情を大切にする

○お互いの意見を言い合う

> 食い違いがあっても、必要な場合は論戦があっても良く、
> かえってそれが友情を長続きさせることにもなる

○真摯な態度で対応する

> 自分の考えを真剣に話すことが大切

○「大人の友情」を大切にすべき

> 大人になってからは、積極的に友をつくろうとしない限り、
> なかなかできない。いつも「友をつくろう」という気持ち
> をもつべき

○変わらず「小さなことに感謝する気持ち」を持ち続けることで、
その姿がまわりの人から信用されることになる

恋　愛

▷ 同性間の友情との違い

○ 友としての愛情と形は似ているが、女性の中の個性と男性の中
の個性は性の結びつきという点で特殊性がある
　≫　同性間の個性が引き合う場合とは異なる美的感覚の要素が
加わるため
○ 男女の愛＝恋には没我が特に強く求められる
　≫　没我の表れとして、自己犠牲をする場合があるが、没我を
忘れて自己主張が強くなると、関係は壊れてしまう

▷ 関係がうまく行かないとき、続けていけるか迷ったとき

○ 恋の原点に立ち帰って、相手の人間性に対して「尊敬の念」が
あるかを確認し、また、自己の人格の尊厳（没我をしても自分
の人格または個性は保たれるか）について考える
○ 考えがまとまらなければ、友や恩師や先輩に相談するのも良い

ひとこと

　恋愛について啓発本ではあまり語られていませんが私は下記
の考え方に同意します。
　学生時代に恋愛はしないほうが良いと思います。恋は「する
（意図的に発生させる）」ものではなく「なる（自然に発生する）」
ものですから、社会経験（出会った大人の数が少ない）、人格

≫

》

形成が未熟なときに恋愛すれば、いわゆる理想的な結果とならないことが多く、お互いが不幸になります。要は結婚を前提としない恋愛はすべきではないということです。なぜなら恋愛関係は、個性の結びつきでないことがあり、どちらかが個性に目覚めたときに破綻します。無理をして関係を続けたとしても、お互いに破綻をどこかで望みながら、または予感しながら続けることになり、長引けば長引くほど破綻の傷が大きくなります。

　破綻を予測したときには、相手のためにも自分のためにもその恋は諦めなければならず、逃げずに、相手に心境を吐露して、軽率な誓いを詫びなければなりません。そして相手の決意を待たなければなりません。

　相手が反対した、または関係を続けたいという嘆願があった場合は、最後の決定を延期する必要があります。そして思い違い、食い違い、要らぬ遠慮、義理立て等で関係を続けようとしているのではないかと冷静さをもって突きとめる必要があります。これはお互いのためでもあります。

　恋は終わったとしても人間としての愛は持ち続け、なすべきことがあったら喜んで実行することが大切です。

　共に人生を歩める人か否かの判断材料は、繰り返しますが、「人として尊敬できるか」と「思いやりの考え方を持っているか」で決めると良いでしょう。男女のなかにも恋愛感情をもたない付き合い方もあるのです。

あとがき

　私は若い頃（大学生、浪人、新入社員時代）に、中小企業の社長をしておられた40代半ばの方と親しくさせてもらっていました。

　一緒に食事をする機会も度々あり、いろいろなお話を聞かせてもらいましたが、平社員の私には納得できない話もあったので、そんなときには遠慮なく「いえ、それは違うと思います」と意見を述べ、その度に「お前さんはバカだネ」と言われながらも反論しました。もちろん思いつきではなく、色々な本を読んだ上での反論です。

　この経験が、経営者としての考え方と、社員の考え方の接点を見つけるために大いに役立ったと思います。それらを踏まえて私の35年間の企業での生活の中で意識したことは、

　　①平社員であっても経営者的な発想で行動し、一方、経営者は社員の立場に立って指示をすること
　　②自分の信念を実行する際は孤独を楽しむ気持ちで遂行すべし
ということでした。

　結果、会社も成長し、私自身も活躍でき、退職後は講演や講義の依頼が来るようになりました。受講者の、中でも若者の就活や社員教育にお役に立てる場所を得ることができました。そして今また、この本を出版することで、迷い多き青年にアドバイスできることに感謝しています。

　この本には、経営者が就職希望者や社員に求めている内容について述べた箇所がありますが、それも仕事をする上で大切なことなので読んでいただければと思います。

　私は「社員は通常業務に加えて、会社や社会に対して貢献できる何かをすべき」という信念を持っていましたが、その具体例として業務時間外のボランティアとして企画し、遂行した3つのプロジェクトを紹介します。

①マイレージバンクの会員を増やすために業務部と折衝し、了解を得た上で社員グループ毎にセールスリーダーを設けた。

②手話ができる社員に協力してもらい、仕事の時間外に手話教室を設け、手話ができる社員を増やして社会貢献に役立てた。その際、引き継ぎ作業として、個人の「学習カルテ」を作り、その人の学習進捗状況がわかるようにした。

③社員から不要品を出してもらい、12月初旬に「飛行機に乗ったサンタクロース」と銘打ったチャリティーセールを開催し、それらをまとめて販売。実績として400万円前後を売り上げ、それを地域福祉（成田市）や5つの施設に寄付した（この活動は始めたときから20年間続いた）。

〈最後に〉
　学生の皆さんの就活で希望通りの内定がもらえるように、また、入社後の不安が取り除かれ、業務がスムーズに行えるようにこの本を書き始め、さらに素敵な大人になってもらうための13のヒントを内容に入れました。皆さんの座右の書にならんことを願っています。

米多比　庸右

米多比 庸右（めたび・ようう）
1943（昭和18）年、福岡県久留米市生まれ。1968年に
航空会社に入社して以来、訓練所教官、チーフパーサー、
チェッカー（乗務員審査）、マネージャーを務め、天皇
フライト、首相フライトを複数回担当する。35年間の
勤務の後、キャビンアテンダント養成学校の講師となる。
人を観るプロの立場から中小企業の採用に関する講演も
行っている。

社会に出る一歩手前で読む本
社会に出たら、最初に読む本

2021年10月30日　第1刷発行

著　者　米多比　庸右

発行所　図書出版木星舎

　　　　〒814-0002　福岡市早良区西新7丁目1-58-207

　　　　TEL 092-833-7140　FAX 092-833-7141

印刷・製本　シナノ書籍印刷株式会社
ISBN978-4-909317-23-0　C2033